로컬 라이프 트렌드

로컬
라이프
트렌드

**지역의 상생, 전환,
지속 가능한 삶에 대하여**

강경환 외 지음
기획회의 편집부 엮음

LOCAL
LIFE
TREND

북바이북

로컬은 삶의 전환이
가능한 영토다

박우현 콘텐츠 컴퍼니 이터널선샤인 대표

2021년 행정안전부는 유사 이래 처음으로 '인구 감소 지역'을 지정·고시했다. 전국 지자체 중에서 89개 지역을 지정했는데, 놀랍게도 대도시이자 광역시인 부산과 대구 일부 지역까지 포함됐다. 이는 2014년, 일본의 지방 살생부라 불리는 '마스다 보고서'가 일본 사회를 뒤흔들었듯이 한국 사회에서 인구 감소와 지방 소멸이 호들갑이 아닌 현실이라는 것을 보여줬다. 하지만 불똥이 엉뚱한 곳으로 튀었다. 이른바 청년 책임론이다. 청년이 결혼하지 않아서, 아이를 낳지 않아서 등 출생률 저하의 원인으로 청년 세대를 지목한 것이다.

　　하지만 과연 청년 세대가 결혼하지 않고, 아이를 낳지

않아서 인구가 줄고 있다는 이야기가 사실일까? 진단이 잘못되면 처방 또한 효과가 없다. 지금까지 한국 사회는 청년 세대가 왜 결혼하지 않고, 아이를 낳지 않는지 근본 원인은 무시한 채 행정 편의나 관성에 의지해 근시안적 진단과 처방만을 반복해왔다. 사실 인구 감소와 지방 소멸을 막는 일이 국가 과제로 떠오른 건 오래전 일이다. 이미 몇십 년 전부터 예측이 가능했던 일인데 그동안 동어 반복식 정책만 나열하다가 결국 벼랑 앞까지 서게 된 것이다. 오로지 오늘날 벌어지는 인구 절벽 현상과 지역 쇠락 문제를 출생률 저하 탓으로 돌린 결과다.

인구 감소와 지방 소멸 문제의 가장 큰 원인은 인구의 수도권 집중, 특히 서울 일극화 현상에 있다. 지역에는 일자리가 없어 서울로 향할 수밖에 없다고 말하지만, 본말전도다. 국가적 차원에서 지역에 좋은 일자리를 만들기 위해 노력한 적이 없다. 국가는 지역보다 기업의 편의를 우선했기 때문이다. 지금 우리 모습은 서울이 국가의 자원을 독점하고 지방은 서울에 자원을 공급하는 '내재 식민지' 구조라 할 수 있다. 총인구의 50% 이상이 서울과 수도권에 몰리다 보니 제2의 도시 부산을 비롯해 대구 같은 대도시도 인구 소멸 위험을 피할 수 없게 됐다. 문제는 이런 불균형이 개선될 조짐이 없다는 점이다. 이쯤 되면 서울 공화국이 아니라 서울 왕국이다. 공화국 체제가 아닌 왕조 사회. 그렇다 보니 수도권이라는 성채 밖으로 밀려나지 않으려고 사람과 자원은 지속해서 몰린다. 그러나 이런 구조가 바뀌지 않는다면 결국 지역 자원은 바닥나고 서울 또한 언젠가 소멸 위기를 맞게 된다.

서울로 사람이 집중되면 부동산 가격은 하늘로 치솟고 일자리 경쟁은 심화한다. 그런데도 지역에 마땅한 일자리가 없으니 어떻게든 서울에서 버티려고 한다. 탈서울이 힘든 이유가 바로 여기에 있다. 특히 청년층에게 서울은 전쟁터나 다름없다. 사정이 이러한데 결혼이 대수일까. 결혼은커녕 생존을 위협받는 상황이다. 이른바 MZ세대가 '소확행'이나 '워라밸'을 중시하는 이유도 경쟁에 능력과 자원을 다 쏟아붓다 보니 정작 자신을 위한 삶이 결여된 데 있다고 생각한다.

경쟁 사회에서 승자는 소수일 수밖에 없다. 세상을 경쟁 사회로 바라보면 경쟁에서 밀리는 순간 인생은 불행해진다. 경쟁에서 살아남더라도 삶이 치이는 건 마찬가지다. 이렇게 경쟁은 인간의 삶을 피폐하게 만든다. 과거 고도성장 시기에는 경쟁이 약이 되기도 했다. 더 많은 기업 일꾼을 양성해야 했으니까. 하지만 앞으로 고도성장은 다시 찾아오지 않을 것이다. 산업 구조가 바뀐 탓만은 아니다. 이는 선진국의 문턱을 넘는 모든 나라의 숙명 같은 현실이다. 저성장 시대가 도래했다는 사실을 마주해야 한다. 인구가 줄고, 지역이 쇠락을 거듭하는데도 과거 고도성장기 성장 전략을 유지하는 것은 그만큼 국가 소멸을 앞당기는 일이나 마찬가지다. 앞으로는 경쟁이 아니라 협력으로 세상을 헤쳐 나갈 수 있다. 그것이 저성장 시대를 건너는 유일한 방법이다.

마찬가지로 출생률을 높여 다시 인구가 증가하는 나라로 되돌리겠다는 목표도 접어야 한다. 백번 양보해서 인구가 다시 늘어난다 해도 지금 같은 사회 구조 안에서는 쇠락한 지역이 다시 활력을 찾을지도 미지수다. 인구를 생산력으로만 판단하는 성장 위주의 자본적 시각으로는 인구가 다시 늘어나도 더 나은 사회로 갈 수는 없을 것이다. 한국보다 인구가 적은데도 잘 사는 나라는 많다. 지금 우리가 집중해야 할 것은 초고령화 사회에 대응하는 일이다. 우리가 한 번도 경험하지 못한 미지의 세계가 지금 코앞에 와 있다. 다시 말하자면 수도권 집중 현상을 해소하기만 해도 인구 감소와 지역 활성화 문제를 어느 정도 해결할 수 있다. 하지만 안타깝게도 수도권 집중 현상은 앞으로도 계속될 것이다.

그런데 이러한 도시 경쟁 시스템을 벗어나 탈도시를 선언하고 지역으로 눈을 돌리는 사람이 늘고 있다. 한국과 산업 구조가 비슷하고 우리보다 일찍 인구 감소와 지방 소멸 문제에 대응해온 일본을 보면, 2011년 동일본대지진을 기점으로 젊은 세대를 중심으로 한 탈도시 현상이 두드러졌다. 쓰나미로 한순간에 무너져버린 건 원전뿐이 아니다. 경쟁 중심의 성장 신화 역시 몰락했다. 이때 도쿄를 떠나 고향으로 돌아간 사람을 U턴족이라고 부른다. 참고로 도시가 고향인 사람이 지역으로 이주하는 경우는 I턴, 도시에서 고향이 아닌 다른 지역으로 이주한 경우를 J턴이라고 말한다. 이처럼 도시를 벗어나 지역으로 향하는 사람이 많아지면서 생기를 잃었던 일본의 지역에 변화가 일기 시작했다. 이른바 로컬의 발견이다.

비슷한 일이 지금 우리에게도 일어나고 있다. 최근 10년 사이, 특히 코로나19 사태를 거치면서 지역에서 가능성을 찾는 경향이 두드러졌다. 실제로 지난 5년 동안 지역에서 새로운 삶을 찾으려는 청년의 이주가 증가하는 뚜렷한 변화가 보였다. 도시 경쟁 시스템('헬조선')에서 벗어나려는 일부 청년 사이에서 코로나19를 계기로 원격 근무의 가능성이 확인되고 지역 또는 지방이 '로컬'이란 이름으로 떠오르면서 새로운 삶의 터전으로 부상한 것이다.

흔히 지역에는 일자리가 없어 도시로 향했던 청년이 경쟁에서 밀려 다시 지역으로 돌아간다고 알고 있지만 이는 큰 착각이다. 오히려 도시라는 거대한 소비 플랫폼에서 영혼까지 끌어모아 무한 경쟁에 참전하기보다는 내가 하고 싶은 일을 하면서 살겠다는 어떤 선언적 행동에 가깝다.

지역으로 향한 청년들은 지역에 일자리가 없다는 걸 오히려 창업과 '창직'의 기회로 여긴다. 지역 자산을 창의적 시선으로 새롭게 발굴해 자신들의 라이프 스타일을 펼칠 공간으로 바꾸거나, 지역 문제 해결을 위해 공공의 지원을 받아 커뮤니티 활성화 사업을 전개하기도 한다.

이처럼 지역에서 활동하는 청년을 로컬 크리에이터, 지역 혁신가, 로컬 벤처, 로컬 기획자, 연결 기획자 등 활동 내용에 따라 다양한 언어로 지칭하지만, 그들의 공통점은 서울만이 정답이 아니라고 자각한다는 것이다. 또한 이들은 지역의 풍부한 '자원'에 집중한다. 그것이 자연환경이든 전통의 가치를 이어가는 문화적 자원이든 아니면 유휴 공간이든 새로운 시각으로 재생해 정주할 수 있는 환경을 만들고자 한다. 물론 그들 전부가 지역의 미래를 낙관적으로 전망해서 로컬을 선택한 건 아니다. 하지만 분명히 말할 수 있는 건 도시를 기반으로 한 성장 사회는 한계점에 다다랐다는 점이다. 다시 말해 청년에게 로컬의 발견은 도시 경쟁 시스템으로부터의 출구 전략이라고도 할 수 있으며 이들이 지금 로컬을 재구성하고 있다.

그래서인지 많은 이들이 궁금해한다. 도대체 로컬이 뭐

냐고. '로컬'이 무엇인지 정의하기란 간단치 않다. 물론 사전적 의미로 지방이나 지역처럼 '서울 같은 대도시가 아닌 곳'이라는 의미로 받아들이면 쉽다. 그러나 분명한 건 요즘 말하는 로컬은 대도시의 반대말이 아니다. 다시 말해 로컬은 더 이상 변두리나 지방, 시골 등을 의미하지 않는다. 따라서 대도시 한가운데에도 로컬은 존재할 수 있다.

한편으로 로컬은 '삶의 대안적 장소'라는 의미를 내포하기도 한다. 도시 자본주의 경쟁 시스템에서 벗어나 있거나 거대 자본의 장악력이 약한 곳인데, 이런 지역을 발굴해 자신이 발을 디딜 수 있는 '장소'로 전환하면 그곳이 바로 로컬이다. 즉 나만의 라이프 스타일을 누릴 수 있는 장소나 지역. 거꾸로 말하면 자신의 일상을 지킬 수 있는 곳이라면 어디든 로컬이 될 수 있다.

따라서 로컬을 지향하는 삶을 가꾸려면 전환적 사고, 즉 삶의 태도가 중요하다. 기존의 사회 체제나 관습에서 벗어나 스스로 삶의 방정식을 풀어나갈 수 있어야 한다. 그렇다고 로컬에서 혼자 살아야 한다는 말은 아니다. 얼핏 로컬은 나 홀로 자유롭게 살아갈 수 있는 곳처럼 보일 수 있으나 오히려 어느 곳보다 연결이 필요하고, 환대의 커뮤니티가 필요한 곳이다. 정리하면, 로컬은 삶의 전환이 가능한 영토다.

다만, 흔히 말하는 로컬 크리에이터란 멋진 조어 탓인

지 자칫 로컬 크리에이터만 되면 '나도 성공할 수 있겠구나!'라고 생각하기 쉽다. 하지만 안타깝게도 로컬은 그런 곳이 아니다. 일본의 정치 사상가 우치다 다쓰루는 도시를 떠나 로컬로 가려면 일단 자본주의 상식에서 벗어나야 한다고 말한다. 탈도시는 단순히 도시를 떠나는 일이 아니라 성장주의 모델에서 멈춤 모델을 받아들이는 일이 중요하다고 말한다. 다시 말해 삶의 전환이 있어야 한다는 이야기다.

그런 맥락에서 한 가지 생각해볼 문제가 있다. 지역에서 기회를 찾는 사람이 많아지자 도시에서 그랬듯이 로컬을 또 다른 '사업 아이템 찾기'의 장소로 물색하는 경향이 없지 않다. 로컬의 삶이 자본주의를 부정하는 건 아니지만, 다양한 가치관이나 개성을 존중하기 위해 대안적으로 발굴한 로컬의 삶이 다시 자본 증식을 향해 달려간다면 로컬 지향의 의미가 사라지고 만다.

지금까지 압축해서 현재 한국에서 벌어지는 로컬 현상을 개괄해봤는데 한국출판마케팅연구소에서 발행하는 잡지 〈기획회의〉는 일찍이 '로컬'이란 키워드에 주목하고 지난 1년간 꾸준히 한국의 로컬에서 어떤 일이 벌어지고 있는지, 왜 그런 일이 일어나는지를 분석하고 앞으로의 로컬을 전망해왔다. 그리고 이 책 『로컬 라이프 트렌드』가 바로 그 결과물이다. 현재 각 지역에서 로컬 활동을 벌이는 다양한 분야의 전문가가 실제로 전개하거나 경험한 생생한 이야기를 담아내면서 자신만의 로컬론을 펼친다.

성공한 지역의 사례를 다른 지역에 이식하는 건 불가능하다. 그만큼 지역은 그곳만의 고유한 문화나 정서가 있고, 환경이 다르기 때문이다. 『로컬 라이프 트렌드』 출간을 계기로 한국 사회에서 본격적으로 건강한 로컬 담론이 이뤄지길 바란다.

차례

Part 1

로컬×가치

LOCAL
LIFE
TREND

지금 로컬을 말하는 이유

조희정 서강대학교 사회과학연구소 전임연구원

로컬의 의미

지역이나 지방이라는 말보다 로컬이라는 말이 유행하는 시대가 됐다. 다른 표현으로 말하며 의미를 강조하려는 시도인지도 모르겠다. 불과 10년 전만 해도 로컬이라는 말은 글로벌 차원에서 말하는 '현지'를 의미했다. 로컬 기업이라는 표현이 대표적인 예시다. 반면, 국내에서 로컬은 그다지 의미 없는 말이었다. 그저 '비수도권 지역', '변두리'나 '시골' 같은 표현만이 그 자리를 대신하고 있었다. 다분히 차별적이고 폄훼의 의미가 담긴 배타적 표현이었다.

본래 로컬은 모든 곳을 의미한다. 그런데 최근 10년 사이에 새로운 경제와 문화가 형성되는 기회의 공간과 지역을 의미하게 됐다.

'로컬'이라는 키워드를 중심으로 이제까지 80여 종의 책이 출판됐다. 그 외에 유사한 의미로서 '마을', '지역 재생' 등으로까지 범위를 넓히면 소위 '이런 류'의 책들은 300여 종에 이른다. 여기에 지역마다 발행되는 독자적인 간행물까지 포함하면 적어도 출판계에서 '로컬'이라는 키워드는 중요한 부분을 차지하는 의미 있는 주제가 됐다.

이전에는 주로 여행서나 에세이에서 극히 제한적으로 로컬이 다뤄졌다면, 이제는 다방면으로 로컬에 대한 책이 붐을 이루고 있다. 그만큼 수요가 늘었다는 방증이다.

로컬 지위 획득의 경제·사회·문화적 요인

로컬 담론이나 현상이 본격화된 시기는 2010년대 중반부터다(정확하게는 2017년쯤이다). 1997년에 IMF 사태가 있었고, 2009년에는 글로벌 경제 위기가 있었다. 즉, 국내외 경제 위기가 계속되는 환경에서 로컬이 지위를 획득한 것이다.

누군가는 기회를 잡기 위해 상경하지만, 누군가는 수도권의 경쟁적 삶에 피로감을 느끼고 로컬로 갔다. 패배자로서 다 포기하고 회귀한 것이 아니라 새로운 기회 발굴을 위해 고향으로, 타 지역으로 찾아갔다. 그 중심에는 '망해도 흥해도 내 힘으로 내가 한다'는 생각이 강하게 작동했다.

경제적 원인 외에 또 다른 것으로 사회적 원인을 들 수 있다. 2020년 사망자 수가 출생아 수보다 많아진 인구 데드 크로스population dead cross가 발생하면서 저출생과 초고령화에 따른 '인구 문제'가 큰 사회적 화두가 됐다.

2004년 고령화 및 미래사회위원회부터 시작된 정부의 전문 위원회는 20년간 저출생 대책 마련을 위해 노력해 왔다. 2023년부터 시행된 「인구감소지역 지원 특별법」에는 '생활 인구'라는 개념이 새롭게 제시됐다. 이 말은 '관광 이상 이주 미만'을 뜻하는 일본의 '관계 인구' 개념과 궤를 같이한다. 사회적으로 인구 문제가 심각해진 상황에서 로컬을 중심으로 자연적 출생과 사망이 아닌 지역 간 인구 이동 및 교류의 중요성을 강조하면서 로컬의 지위가 선명해지고 있다.

경제·사회적 원인과 함께 문화적 원인도 큰 영향을 미치고 있다. 영화 〈리틀 포레스트〉, 방송 프로그램 〈나 혼자 산다〉, 소소한 삶의 가치를 강조하는 매거진 〈킨포크〉, 그리고 제주도 한 달 살기 등이 유행하기 시작한 시기가 2010년대 초반부터다.

힐링과 욜로, 친환경 등의 단어는 대도시보다는 로컬에 더 맞는 표현이다. 그 이전에는 생태 운동, 그린, 환경 보호

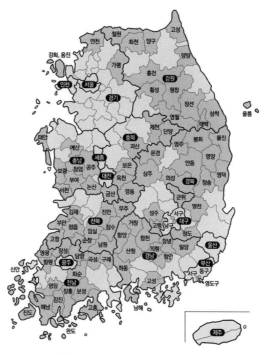

89개 인구감소지역[*]

등 사회 운동 차원에서만 사용되던 표현에 특유의 문화적 가
치와 개인의 중요성이라는 가치가 더해지면서 로컬 문화를

---

*   출처: 행정안전부(https://www.mois.go.kr/frt/sub/a06/b06/
populationDecline/screen.do)

형성하기 시작했다. 그중에는 1인 서점, 복합 문화 공간, 생활 양식 등을 중심으로 형성된 공간도 있다.

UJI턴* 등 다양한 경로로 로컬로 향하는 사람들은 주민이 느끼지 못하는 로컬 자원을 발굴해 새롭게 해석하고, 이를 바탕으로 창업하고, 주민과 협력하여 직면한 문제를 해결하고자 한다. 그 과정이 순탄하지는 않지만 대도시와 다른 방식으로 로컬을 재구성하고자 한다.

주류 되기 vs 자족하기

그렇게 경제 위기, 인구 문제, 생활 양식이라는 경제·사회·문화적 이유를 중심으로 로컬의 지위가 형성되어왔다. 물론 우리 사회는 여전히 경쟁, 발전, 성장 패러다임이 주류다. 근대 사회의 성장과 대중 사회의 획일화, 그리고 세계 시장에서 선진국으로 발돋움하는 데 익숙한 사회적 체질이 여전히 당연하게 여겨진다. 따라서 로컬에서 그 어떤 가치를 이야기해도 그들이 주류가 될 확률은 그다지 높지 않다.

---

*   U턴은 '고향→도시→고향'으로 이동, J턴은 '고향→도시→(연고가 없는) 다른 지역'으로 이동, I턴은 '도시→(연고가 없는) 지역'으로 이동하는 것을 의미한다.

그러나 역으로 반문할 수도 있다. 과연 주류가 되기 위해 사는 것으로 족한가. 모든 사람이 주류가 되는 세상은 행복한 세상인가. 그렇다면 과연 행복은 무엇인가. 복잡하고 어려운 질문인가.

로컬의 지위 획득 과정은 더 나은 삶의 질을 얻기 위한 과정이다. 삶의 질이 높아지는 것이 행복한 상태이기 때문이다. 좋은 공기, 좋은 교육, 좋은 사람, 좋은 공간, 좋은 일 그리고 좋은 기회. 이런 조건이 충족되면 더 좋은 삶의 질을 구현할 수 있고 행복해질 수 있다.

우리 모두가 답을 잘 알고 있지만 무엇이 더 좋은가에 대한 질문 없이 줄곧 경쟁, 발전, 성장을 위해 살아왔다. 적당한 일자리, 적당한 교육, 적당한 사람, 적당한 공간, 적당한 일 그리고 적당한 기회가 있다고 믿고 살아왔기에 치밀하게 '좋은 것'에 대해 질문할 필요가 없었다.

그러나 삶은 그렇게 녹록하지 않았다. 어느샌가 일자리나 일감은 날아갔고, 교육은 훈육이나 정답 중심으로만 진행됐으며, 사람의 중요성을 느끼기 전에 조직 안에서의 기능으로만 가치를 평가했다. 공간의 가치보다 효율성이 더 중요해졌고, 보수가 많은 일이 무조건 좋은 일로 평가됐다. 그리고 그마저도 여러 사람에게 적절한 기회가 돌아가는 상황은 점점 드물게 됐다. 즉, 여전히 우리는 무엇이 좋고 무엇이 행복한가에 대해 다양한 대답을 하지 못하는 삶을 살고 있다. 그래서 로컬에 주목하게 되는 것이다.

좀 더 맑은 공기와 환경, 사람과 공동체를 중심에 놓는 다양한 교육, 사람 사이의 교류와 유연한 연대, 정형화되지 않아도 창의적이고 마음 편한 제3의 공간, 거창한 매출은 없어도 먹고사는 의미를 되살릴 수 있는 일자리와 일감 그리고 그 모든 기회를 이끌고 안내해주는 또 다른 기회의 발견. 이런 것은 도시보다 느린 속도로 천천히 내가 사는 곳을 함께 보면서 성찰했을 때 발견할 수 있는 것들이다.

순환적·수평적 사고로 완성하는 로컬

자족하는 삶과 다양한 생활 양식에 대한 인정은 로컬 삶의 미덕이다. 그리고 그 바탕에 순환적 사고와 수평적 사고가 얼마나 깊게 반영됐느냐에 따라 삶과 행복의 완성도가 달라질 수 있다.

순환적 사고는 모든 것이 멈춰 있지 않으며 지속된다는 생각이다. 생산자가 있으면 유통자가 있고 판매자가 있고 소비자가 있다. 그 과정에서 환경을 생각하는 생산자, 공정한 대가를 매기는 유통자, 적절한 매출을 도모하는 판매자, 상품의 가치를 잘 받아들이는 소비자가 형성되어야 한다. 로컬 경제의 독창성을 표현하는 순환자본주의, 산골자본주의, 시골자본주의라는 말은 단지 비수도권에서 자본주의적으로 매출이 최대화되는 것을 의미하지 않는다. 기존 자본주의와 다르게 분절적이지 않은 순환 구조를 고민하고, 희생과 소모가 발생하지 않는 선순환 가치를 실현하고자 하며, 지산지소*의 원칙으로 상품을 생산·유통·소비하고, 그 결과 환경도 살고 나도 살고 우리도 살 수 있다는 의미다.

수평적 사고는 로컬의 가치를 발견하는 방식에 대한 철학이다. 수직적·폐쇄적 방식의 폐단에 대한 새로운 대답으로 수평적·개방적 사고의 필요성을 제기한다. 거대한 자연환경 속에서 농업, 어업, 임업이 다르지 않고 이어져 있다는 생각으로 세 개의 산업을 새로운 산업으로 연결해낸다. 지역 내의 초등학교, 중학교, 고등학교는 일정 부분 공통의 지역 가치를 담아야 한다는 생각으로 공통 지역 가치 이념을 세 개 단위 학교의 교육 이념으로 설정하며 중학생이 초등학생을 이끌어주고, 고등학생이 중학생을 이끌어주며 지역 곳곳에서 실천하는 교육 구조를 만들기도 한다. 전혀 다른 범위에 있고 나뉘어 있으며 교류가 없던 영역을 로컬이

---

*　　지역의 생산품을 지역에서 소비하는 것을 말한다.

라는 틀 내에서 연결하며 새로운 가치를 만들어내는 것이다. 그것이 로컬의 도시에 대한 경쟁력, 주류에 대한 경쟁력을 형성한다.

이러한 수평적 사고의 또 다른 이름은 횡단적 사고다. 기존의 것들을 하나의 산업 내에서 수직적으로만 가치를 판단하지 않고 횡단적으로 단면을 자르듯이 서로 연결하여 이어서 보았을 때 새로운 의미를 발견할 수 있다는 것이다.

지속 가능한 현실을 만드는 로컬을 위하여

사회의 모든 것은 복합적인 이유로 형성된다. 로컬 역시 마찬가지다. 오직 경제적·사회적·문화적 이유로 형성된 가치가 아니다. 그리고 제대로 된 로컬의 삶이 형성되기 위해서는 환경, 교육, 사람, 공간, 일, 기회의 의미에 대해 어디에서든 진지한 숙고가 이루어져야 한다. 그리고 그 과정에서 모든 것이 순환한다는 사고방식과 모든 것이 가로로 연결되어 있다는 수평적 사고가 더 무르익어야 한다.

지금도 로컬에서는 외부인이 유입되면서 지역 주민이 밀려나는 젠트리피케이션gentrification, 주민과 이주자 갈등, 고령자와 청년의 갈등, 국비에 의존하는 지자체, 지원금 사냥으로 위장 창업하는 사업자, 토호와 새로운 세력의 이익과 권력 다툼 등 많은 갈등과 위기 요인이 발생하고 있다. 제도 정비나 교육과 실천 노력이 더 필요하다는 의미다.

그러나 그것만으로 로컬이 문제라고 단순하게 평가해선 안 된다. 잘 들여다보면 대도시에서도 언제나 발생하는 갈등이고, 단지 익명이기에 보이지 않을 뿐이다. 로컬이라는 작은 사회에서 두드러지면서 마치 로컬만의 현상인 것처럼 보이는 면도 있다.

어쨌든 로컬의 의미와 가능성은 계속 변화하고, 동시에 그에 따른 문제도 발생하고 있다. 이런 현실이 눈앞에 나타났다는 것은 우리 삶에 대한 성찰이 필요하다는 의미다. 각자도생과 무한 경쟁의 삶이 아닌 또 다른 자족적 삶의 실체에 대한 고민이 필요하다는 의미다. 지금 로컬이 주목받는 건 로컬 자체가 중요해서가 아닌, 지금 나의 삶이 중요해서다.

지역 소멸을 막는
로컬 콘텐츠의 힘

모종린 연세대학교 국제학대학원 교수

우리나라는 인구 감소와 고령화로 인한 지역 소멸 위기에 직면했다. 특히, 농촌 지역은 인구 감소와 청년 유출이 심각해 지역 공동체의 붕괴가 우려되고 있다. 전통적인 농민과 농업 지원으로는 소멸 위기를 극복하기 어렵다. 농촌도 도시와 마찬가지로 로컬 콘텐츠로 다양한 가치를 창출하는 크리에이터의 문화 창출 능력을 활용해야 한다.

농촌 지역에서 크리에이터 경제의 기반을 구축하는 사업이 '로컬 콘텐츠 타운' 조성이다. 로컬 콘텐츠 타운이란 로컬 상권, 로컬 브랜드 생태계, 정주 여건을 갖춘 인구 1,000~5,000명 규모의 농산어촌 지역 읍면 소재지를 말한다. 소멸 지역에 건축, 디자인, 콘텐츠에 기반을 둔 로컬 상권과 정주 여건을 조성하고 이를 통해 로컬 콘텐츠 사업을 해나갈 크리에이터와 기업을 유치하는 것이 목적이다.

로컬 콘텐츠의 힘

로컬 콘텐츠의 힘은 이미 서울의 동네에서, 그리고 제주, 양양과 같은 지방 도시에서 증명됐다. 서울의 동네가 항상 강한 것은 아니었다. 1990년대까지만 해도 서울은 중심부와 변두리로 나뉜 평범한 도시였다. 외식이나 쇼핑을 하기 위해 거주지를 떠나 시내로 가던 시절이다. 이제는 '슬세권'[*]이란 단어가 유행하듯이 굳이 다른 지역에 가지 않아도 동네에서 모든 것을 해결할 수 있는 도시가 됐다.

　서울의 동네 부흥을 견인한 것은 동네 문화와 로컬 콘텐츠로 경쟁하는 골목 상권이다. 골목 상권은 2000년대 중반부터 주목받기 시작했으며 MZ 세대가 여행 가듯 찾는 곳이다. 2005년 홍대, 이태원, 가로수길, 삼청동 등 네 곳에서 시작해 현재 서울 전역에 예순여덟 개로 증가했다.

　2024년 언론이 주목한 지역 발전 성공 사례는 양양과

[*]　슬리퍼 차림으로 필요한 편의 시설을 이용할 수 있는 주거 권역.

제주다. 양양은 관광객이, 제주는 인구가 지속적으로 증가하는 지역이다. 그렇다면 한국 사회는 양양과 제주에서 무엇을 배워야 하는가? 흥미롭게도 대기업 투자, 지역 혁신 시스템, 대규모 SOC* 사업 등 전통적인 지역 발전 방식이 양양과 제주에서는 작동하지 않았다.

양양과 제주의 성공 방정식이 있다면 그것은 하드웨어가 아닌 소프트웨어에서 찾아야 한다. 청년이 살고 싶은 도시를 만드는 방법을 터득한 것이 두 곳의 공통된 성공 비결이다. 청년을 양양으로 유인하는 소프트웨어는 '서핑'이다. 제주로 '이민'을 떠나는 사람도 제주가 제공하는 생활 양식에 이끌린다. 양양과 달리 제주 생활 양식을 한 단어로 표현하기 어렵지만, 제주 이주가 본격적으로 시작된 2010년대 초반부터 많이 쓰인 단어가 '보헤미안'이다. 즉, 예술가 성향의 자유로운 영혼이 각박하고 경쟁적인 대도시를 떠나 제주에서 자연과 함께하는 자유롭고 독립적인 삶을 추구하는 것이다.

양양과 제주의 성공 사례는 이처럼 서핑, 보헤미안 등 개인의 생활 양식에서 그 기원을 찾아야 한다. 개인의 생활

---

*   도로, 항만, 공항, 통신 등 사회간접자본을 말한다.

양식으로 시작된 경제 활동을 로컬 문화로 만들고, 이를 골목 상권 중심의 로컬 콘텐츠 생태계로 육성하는 것. 두 도시의 역사를 한 문장으로 요약한 것이다.

로컬 콘텐츠 타운 사례

로컬 콘텐츠 타운은 농촌 지역에서 이미 성공 사례가 있는 마을 모델이다. 제주 구좌읍 세화리, 부여 규암면 자온길, 홍성 홍동면 유기농마을, 강릉 초당동 순두부마을, 양양 죽도 서핑마을, 고창 상하면 상하농원이 대표적인 사례다.

문제는 콘텐츠 타운의 수다. 지역 소멸에 대응하기 위해서는 더 많은 마을을 콘텐츠 타운으로 전환해야 하며, 정부가 정책을 면밀하게 설계하면 실제로 콘텐츠 타운의 수를 늘릴 수 있다.

정부는 성공 가능성이 높은 지역을 발굴하고, 이를 대상으로 정책을 설계해야 한다. 정부가 1차 사업지로 선정해야 할 사업 대상지는 국립공원 입구 마을, 문화재와 문화 시설이 집적된 역사 문화 지구(예: 영주 소수서원 부근), 경관과 생태 자원을 보유한 어촌과 수변 마을, 한옥·적산 가옥·단독 주택 등 양질의 건축물을 보유한 건축 마을, 산업화 가능성이 높은 특산물을 생산하는 마을(예: 풍기 인견, 홍삼) 등 문화 자원을 보유한 농산어촌 지역이다.

　콘텐츠 타운은 새로운 개념이 아니다. 서울시가 이미 2022년 로컬 브랜딩, 거점 시설 지원, 로컬 브랜드 육성을 통해 잠재력 있는 골목을 단순 소비 공간이 아닌, 지역 특색이 반영된 머물고 싶은 공간으로 조성하는 콘텐츠 중심의 로컬 브랜드 상권 육성 사업을 시작했다.

로컬 콘텐츠 타운의 조성 방법

콘텐츠 타운 조성 사업은 로컬 브랜딩, 건축 디자인 지원, 로컬 콘텐츠 메이커 스페이스 운영 등 크게 세 개 사업으로 구성된다.

　첫 번째는 지역 자원과 특색에 기반을 두고 지역의 정주 여건과 로컬 비즈니스 환경을 설계하는 로컬 브랜딩 사업이다. 로컬 브랜딩이 성공하기 위해서는 지역이 특화할 로컬 콘텐츠를 포함해 다양한 생활과 비즈니스 자원을 발굴하고 거점 시설, 커뮤니티 등 이를 사업화하는 데 필요한 하드웨어와 소프트웨어 인프라를 확충해야 한다.

　두 번째는 상권과 정주 여건 조성에 필요한 건축과 디자인의 지원이다. 건축 디자인 지원은 타운 건축의 마스터플랜을 설정하고, 이에 따라 건축물을 신축하거나 개축하는 사업자에게 보조금을 지급하는 방식으로 추진할 수 있다. 콘텐츠 타운의 기본 건축 환경은 도시와 다르지 않다. 농촌에서도 도시와 마찬가지로 건축 자원, 보행 환경, 문화 시설, 크리에이터 커뮤니티가 매력적인 상권을 만든다. 농촌 마을에서 가장 부족한 자원이 건축물과 가로街路다. 개성 있는 공간을 만들 수 있는 건축물과 걷기 좋은 보행로가 콘텐츠를 생산하는 로컬 상권의 기본 조건이다. 읍면 소재지 콘텐츠 상권도 적절한 수준의 건축 자원과 보행 환경을 보유해야 한다.

세 번째는 로컬 크리에이터와 콘텐츠를 공급하는 '로컬 콘텐츠 메이커 스페이스'의 운영이다. 로컬 콘텐츠 메이커 스페이스는 읍면 소재지에서 건축, 디자인, 식가공 기술과 장비를 통해 크리에이터와 로컬 콘텐츠 사업화를 교육하는 '로컬 기술 지원 센터'다. 오프라인 소상공인의 디지털 전환을 지원하기 위해 콘텐츠 제작 스튜디오·온라인 쇼핑몰 운영 교육 프로그램·온라인 셀러 커뮤니티 공간을 운영하는 네이버 파트너스퀘어, 인삼 소공인들에게 인삼을 활용한 시제품 개발과 교육장·스튜디오·문화 공간 등 인삼 문화 콘텐츠 기획 시설을 지원하는 풍기 소공인 복합지원센터, 지역 농업인과 함께 다양한 농산물 가공 공방을 운영하는 고창 상하농원, 군산 영화동에서 골목 창업자를 위한 공간·디자인·식가공 기술 개발 작업장을 운영하는 주식회사 지방의 메이커 스페이스가 로컬 콘텐츠 메이커 스페이스 기능을 수행한다.

제2의 새마을운동이 될 가능성

소멸 지역 '콘텐츠 타운' 조성 사업은 제2의 새마을운동이다. 1970년대 새마을운동은 시멘트와 철근을 공급해 농촌의 기반 시설을 확충하고, 농촌 주민의 생활 수준을 향상한 대표적인 지역 개발 사업이다. 2020년대 콘텐츠 타운 조성 사업은 새마을운동과 달리 콘텐츠와 디자인을 통해 지역의 정체성을 살리고, 지역 경제 활성화와 일자리 창출을 도모한다는 점에서 차이가 있다. 1970년대 새마을운동이 농촌에 시멘트와 철근을 공급했다면, 2020년대 새마을운동은 콘텐츠와 디자인을 공급해야 한다.

콘텐츠 타운 조성 사업은 탈산업화, 창조 경제의 요구에 부합한다는 점에서 성공 가능성이 높다고 평가할 수 있다. 우선, 콘텐츠와 디자인은 지역 경쟁력을 강화하는 데 효과적인 수단이다. 콘텐츠와 디자인을 통해 지역 특색을 살린 상권과 정주 여건을 조성하면, 지역의 매력이 커지고 관광객과 투자자를 유치하는 자원이 된다.

콘텐츠 타운이 성공하기 위해서는 지역의 특색을 살린 콘텐츠 개발이 필수다. 단순히 도시의 콘텐츠를 그대로 가져다 놓아서는 성공하기 어렵다. 지역의 문화, 역사, 자연, 특산물 등 지역 특색을 살린 콘텐츠를 개발해야 한다. 지역 주민의 참여와 협력도 성공의 핵심 요소다. 따라서 지역 주민의 자발적인 참여가 이루어진다면, 사업의 성공 가능성은 더욱 높아질 것이다.

마지막으로 정부의 적극적인 지원이 필요하다. 콘텐츠 타운 조성 사업은 장기적이고 복잡한 사업인 만큼, 정부의 지속적인 지원과 협력이 필요하다. 결론적으로, 콘텐츠 타운 조성 사업이 성공하기 위해서는 지역 특색을 살린 콘텐츠를 개발하고, 지역 주민의 참여와 협조를 이끌어내며, 정부의 지속적인 지원을 확보하는 것이 중요하다.

로컬 콘텐츠 타운은 미래의 농어촌을 위한 혁신적인 시도로, 소멸 위기에 처한 지역에 생기와 활기를 불어넣을 것으로 기대된다. 콘텐츠와 디자인의 결합으로 이루어진 이 농촌의 새로운 모델은 지역 사회의 지속 가능한 성장을 위한 중요한 전환점이 될 것이다.

로컬 콘텐츠를
키우는 법

전정환 커뮤니티엑스 대표 · 『커뮤니티 자본론』 저자

바야흐로 로컬이 대세다. 수도권 집중이 가속화하고 인구 감소와 지방 소멸에 대한 우려가 커지는 한편으로 로컬에 대한 관심이 점점 더 커지고 있다. 이렇게 정반대로 보이는 현상이 함께 일어나는 이유는 지금이 전환기이기 때문이다. 개발도상국에서 근대화를 이루었던 1970~1980년대에는 지역에 산업 도시를 만들었고, 그 세대의 상당수는 산업 도시의 생활 양식에 만족했다. 하지만 1990년대 후반부터 수도권으로 모든 것의 쏠림 현상이 시작됐다. 지방 도시가 서울을 닮고자 할수록 지방의 정체성은 더욱 약해지고 서울로 가야 할 이유만 명확해졌다.

변화의 조짐이 시작된 곳은 제주였다. 2000년대 들어

서 한국은 선진국으로 자리 잡았고, 서울에서 가장 멀고 산업 기반이 약한 제주도로 새로운 일과 삶의 방식을 꿈꾸는 이들이 이주하기 시작했다. 독특한 취향을 가진 사람들의 일탈로 여겨질 수 있었던 이 움직임은 장기간에 걸쳐 큰 변화를 만들어내는 흐름으로 이어졌다. 제주가 로컬 크리에이터의 성지로 떠오른 것은 이상한 일이 아니다.

나는 이러한 변화의 과정을 직접 참여하며 관찰할 수 있었다. 다음커뮤니케이션이 제주에 사옥을 지은 2006년에 입사해 출장으로 제주도를 오가다가, 카카오와 합병한 이후 2015년부터 제주창조경제혁신센터에 파견되어 7년간 센터장을 역임했다. 총 8년을 살며 제주의 창업 생태계 조성자 역할을 하면서 제주의 변화를 목도했다. 또한, 이 시기에 전국의 지역 혁신가, 로컬 크리에이터를 제주로 불러 모아 서로 지식과 경험을 나누고 연대하며 새로운 로컬의 흐름을 만들어내는 실천 커뮤니티를 조성하도록 도왔다. 2022년 5월에 7년간의 센터장 임기를 마친 후에는 전국 각지에서 변화를 만들어가는 사람들을 만나 지식과 경험을 나누는 일을 하고 있다.

그동안의 경험을 통해 알게 된 로컬 콘텐츠를 키우는 원리는 다음과 같다. 첫째, 다양성과 개방성을 지닌 커뮤니티가 시작점이 된다. 둘째, 창의적 경계인에 의해 지역의 고유성이 재해석되고 끊임없이 변화하며 성장한다. 셋째, 커뮤니티 리더가 로컬 콘텐츠 생태계 전체를 키운다. 이러한 원리를 제주의 사례를 중심으로 살펴보자.

로컬 크리에이터의 발상지, 제주

오랜 시간 외부와 단절되어 고립된 섬이었던 제주의 변화는 2000년대 들어서 드라마틱하게 진행됐다. 이러한 변화의 조짐은 서울올림픽이 열렸던 1988년부터 있었다. 최성원이 〈제주도의 푸른 밤〉을 작사·작곡해서 부른 것을 시작으로 대도시화하는 서울을 벗어나 대안적인 생활 양식을 지향하는 이주민의 로망이 커져갔다. 개인뿐 아니라 기업도 이주했다. 다음커뮤니케이션에서는 2004년 펜션을 빌려 20여 명이 먼저 이주한 데 이어 2006년 글로벌미디어센터GMC를 건립하고 200여 명이 추가로 이주했다. 2010년경부터는 문화 이민자 이주 열풍이 불었다.

서울에서는 전국 각지에서 다양한 이들이 몰려들어 서로 연결되고 친구가 된다. 그러나 제주에서는 오랜 기간 그렇지 못했다. 제주 출신 제주도민은 제주도민끼리, 이주민은 이주민끼리 어울렸다. 제주에는 '괸당 문화'라는 것이 있다. '괸당'은 원래 '친족'을 뜻하는 제주어로, '괸당 문화'는 제주도민들이 서로를 챙겨주는 문화를 말한다. 이런 문화 덕분에 제주는 매우 가난했던 시절에도 굶어 죽는 사람이 없었다고 한다. 인구가 10만~30만 명 수준이었던 시기, 한두 사람만 건너도 친족으로 연결되어 있던 시대에는 이러한 커뮤니티 문화가 순기능으로 작동했다. 하지만 인구가 늘어나고 다양성이 증가하면서 어느 순간부터 괸당 문화는 외지인을 배척하는 문화의 대명사처럼 여겨졌다.

사실 제주만의 문제는 아니다. 상이한 경험과 네트워크가 존재하는 커뮤니티들이 처음 마주쳤을 때 관점의 차이로 인하여 오해와 갈등이 생기는 것은 당연하다. 다른 지방은 청년들이 수도권으로 유출되기만 하고 수도권에서 지방으로 들어오는 경우는 많지 않다. 따라서 이러한 충돌이 일어나도 크게 이슈화되지 않는다. 2015년을 전후해서 제주에서 유독 이주민과 원주민의 갈등 이슈가 크게 드러난 것은 인구가 유입되고 다양성이 증가하면서 발생한 자연스러운 과정이었다고 볼 수 있다. 제주는 이러한 다양성의 증가, 그리고 갈등과 충돌의 단계를 지나 다음 단계로 나아가는 중이다.

1970~1980년대에 생계를 위해 제주로 이주했던 산업화 세대와는 달리 2010년대의 이주자들은 제주가 좋아서 이곳에서 자신의 일과 삶을 실현하고자 하는 X세대와 밀레

니얼 세대. 새로운 이주자들은 제주 마을 곳곳에 동네 책방, 카페 등을 만들어서 커뮤니티 거점 역할을 하거나, 제주의 자연과 문화 역사 자원을 새로운 방식으로 해석해 창조적인 일을 해내는 특징이 있었다. 이러한 흐름은 2015년 이후에 더 본격화됐고, 제주는 로컬 크리에이터의 발상지가 됐다.

이전에는 제주에서 10대를 보낸 후 20대에 서울에 가면 다시 제주에 돌아올 일이 없었다. 서울에 가서 성공한 친구들이 돌아오는 것을 제주에서 평생을 살아온 친구들이 반기지도 않았다. 그러나 이제 제주의 청년들은 서울에 가지 않고도 다양한 경험과 네트워크를 가진 친구를 사귄다. 이러한 연결과 융합이 축적되어 커뮤니티 자본이 커지면서 제주 청년들에게 이전에는 없었던 성장 기회가 열리고 있다. 이미 제주 곳곳에서는 이주자와 지역민 사이에서 자연스러운 융합이 일어나고 있으며, 이는 제주가 창조적인 도시로 변화하는 기반이 되고 있다.

제주는 무엇이 달랐을까

제주가 다른 지방과 다른 점은 무엇이었을까? 로컬의 고유성과 정체성을 끊임없이 진화시켜간 과정에 사람이 있었다. '한강의 기적'을 이룬 압축 성장 시대에 다른 지방 도시는 모두 서울을 따라가기에 바빠서 개성을 잃어갔다. 하지만 한반도 가장 남단에 있는 제주는 서울과 근본적으로 달랐다. 화산섬이라는 특징 때문에 자연이 달랐고, 서울과 가장 먼 장소이기에 역사적으로 문화가 가장 달랐다. 이러한 환경 자본의 다름이 제주만의 매력이 됐다. 그 덕에 많은 이들이 제주를 사랑하며 찾기 시작했다. 그러한 흐름이 수십 년간 계속 이어져 제주의 다양성과 커뮤니티 자본이 커져간 것이다.

제주에는 매력적이고 차별화된 자연환경이 주어졌지만, 그것을 지켜내고 키워내 현재의 경관을 만든 것은 제주도민 개척자들이다. 제주도민들은 제주의 자원에 새로운 요소를 결합하는 창조적인 접근을 했다. 1960년대에 감귤 산업을 키우면서 감귤밭의 풍경이 만들어졌다. 현재 제주의 정체성에 중요한 역할을 하는 야자수 풍경은 1970년까지는 없었던 것이다. 1972년에 송봉규가 고향 한림에 야자수 씨앗을 들여와 심고 키워서 제주 곳곳에 보급해 오늘날 제주의 야자수 풍경을 조성했다. 제주의 문화, 역사, 환경 자원에 외지의 자원을 융합하여 제주의 새로운 정체성을 창조해낸 것이다. 이러한 노력 덕분에 제주는 서울과 결코 같을 수 없는 매력이 커져갔다. 2007년에는 서귀포 출신 서명숙이 귀

향해 올레길을 만들며 자유 여행의 트렌드를 이끌었다.

이렇게 제주도민 개척자들이 제주의 정체성을 창의적으로 해석하고 융합하여 만들던 상황에서 제주에 저가 항공이 취항하고, 국제학교와 기업 이전, 문화 이주 등으로 외지인이 유입하면서 다양성이 점점 더 증가할 수 있었다.

로컬 커뮤니티를 키우는 법

혼자 성공하지 않고 다른 이들을 도우며 함께 성장하는 이들을 커뮤니티 리더라고 부른다. 뛰어난 커뮤니티 리더의 존재 여부가 로컬의 생태계와 커뮤니티의 성장을 결정한다. 로컬의 커뮤니티 리더는 다음과 같은 공통된 특징을 가진다.

첫째, 그들은 원주민 커뮤니티와 이주민·외지인 커뮤니티 사이의 경계인이다. 그들은 서로 다른 커뮤니티를 연결할 수 있는 매개자다. 그들이 걸어온 성장 경로는 각각 다르다. 하지만 지역 출신이라 하더라도 이주민·외지인 커뮤니티와 연결되어 있고, 이주민이라 하더라도 원주민 커뮤니티와 연결되어 있다. 이주민이라 하더라도 그 지역에서 최소 3년 이상, 가능한 한 7년 이상을 그 지역에서 지속적으로 활동하며 서로 다른 커뮤니티를 연결해 마을 사람들에게 진정성을 인정받았다면 성공할 가능성이 높다. 지역 출신의 경우, 끊임없이 다른 지역을 오가며 다양한 커뮤니티와 연결되어 있는 사람이 성공할 가능성이 높다. 그렇지 않더라도, 새로운 커뮤니티와 연결되고 시너지를 창출하는 등 커뮤니티를 꾸리는 기술이 탁월한 사람이라면 시행착오를 줄이고 성공의 길로 나아간다.

둘째, 다른 사람을 도우면서 그가 잘되면 자신도 행복감을 느낄 뿐 아니라 타인도 서로 돕게 만드는 '먼저 주기'와 '되돌려 주기' 문화를 만드는 리더다. 그들은 자신을 둘러싼 사람이 서로 돕게 만듦으로써 커뮤니티도 성장하고 자신의 행복도 커진다는 것을 자각하고 있다. 커뮤니티 리더의 이런 행동 덕분에 구성원들은 서로 다른 영역과 지역 사람들과 연결되어 다양한 커뮤니티를 끊임없이 생성하는 주체가 될 수 있다. 또한 이러한 과정을 통해 각자가 속한 커뮤니티와의 관계가 형성되면서 자기 자신을 찾아가게 된다.

이렇게 커뮤니티 자본을 키우며 성장하는 사례는 로컬 비즈니스를 하는 로컬 크리에이터, 시민 사회 운동가, 도시 재생 사업가, 문화 도시 기획자, 지역 스타트업 종사자 등에게서 발견할 수 있다. 커뮤니티 리더를 정의할 때 사업을 중심으로 한 정체성은 중요하지 않다. 한 사람이 동시에 여러 사업의 이름으로 불리기도 한다. 어떤 사업을 하는 사람들이 커뮤니티 리더가 아니라 자신과 커뮤니티 사이에서 어떤 관계 맺음을 하며 자신과 사회의 커뮤니티 자본을 키워나갈 수 있는 사람이 커뮤니티 리더인 것이다.

커뮤니티 리더의 이러한 활동 덕분에 커뮤니티 간의 연결을 통한 커뮤니티 자본이 확장되고, 커뮤니티 내의 연결성도 커져간다. 스스로 커뮤니티와의 단절을 선택했던 이들도 다시 커뮤니티와 연결된다. 지방 마을의 획일적인 문화와 위계가 답답하고 지긋지긋해서 마을 커뮤니티와 단절한 채 서울로 떠난 청년들이 다시 지역으로 돌아와 마을 커뮤니티와 연결되는 것이 대표적인 사례다. 일례로, 제주창조경제혁신센터의 '제주다움' 프로그램으로 한 달 살이를 했던 문화기획자 김신애가 여기서 자극과 영감을 얻어서 고향인 강원도 태백으로 돌아갔다. 그녀는 그곳에 코워킹 스페이스 무브노드를 만들고 새로운 커뮤니티를 만들었다. 그곳에 체류했던 이들이 태백에 정착하고 있다. 이를 통해 마을의 부모 세대와 자녀 세대는 마을 커뮤니티 내부에서, 서로 다른 세대의 커뮤니티 사이에서 커뮤니티 자본을 키워간다.

커뮤니티 자본이 일단 선순환을 통한 성장 궤도에 오르면, 한 사람의 커뮤니티 리더의 영향력을 넘어서서 많은 커뮤니티 리더가 등장하게 된다. 이들이 서로 다른 영역과 지역에서 키워가는 커뮤니티 자본은 시간이 지날수록 기하급수적으로 커져가게 된다. 커뮤니티 리더가 많은 이들을 동참

시키며 장기간에 걸쳐 변화를 만들어낼 수 있는 것이다.

마치며

수도권 집중과 지방 소멸 위험은 가속화하고 있지만, 한편으로 새롭게 시작된 로컬 콘텐츠와 커뮤니티의 흐름은 매우 반가운 일이다. 제주는 다른 지역보다 10년 이상 앞선 경험을 한 곳으로 최근 다양한 흐름이 시작되고 있는 로컬 문화에 많은 시사점을 안겨준다. 로컬 개척자들은 그 지역의 고유성을 현시대에 맞게 재해석하고 새로움을 창조해낸다. 이들은 혼자만의 성공을 추구하지 않고 다양한 이들과 연대하며 후배들에게 길을 열어준다. 이들은 지역 안에서, 또 지역 간의 경계를 넘어 함께 실천하고 배우고 지지하는 커뮤니티를 형성한다. 로컬 콘텐츠와 커뮤니티는 이렇게 상호 작용을 하며 함께 성장해나간다. 로컬 콘텐츠를 키우는 법은 바로 로컬 커뮤니티를 키우는 법과 일맥상통하는 것이다.

나는 대구의
출판인이다

신중현 도서출판 학이사 대표

학이사는 대구에 있다. 흔히 말하는 지역 출판사다. 식구 다
섯 명의 작은 출판사이지만, 늘 지역에서 '책으로 즐겁게 어
울려 놀기'를 꿈꾼다. 작가와 독자와 함께 책을 통해 즐겁
게 지낸다. 같은 지역에 살면서 서로 다독여주는 이웃과 어
울리며 그들의 삶과 생각을 즐겁고 기쁘게 엮는다. 그래서
'대구에 산다, 대구를 읽다'라는 말을 출판 정신으로 삼는다.
2024년은 학이사의 전신 이상사가 대구에서 출판을 시작한
지 70년이 되는 해다. 1954년 1월 4일, 이상사가 대구에서
출판 등록을 하고 지역 출판을 본격적으로 시작한 날이다.
6·25 전쟁으로 피란을 왔다가 전쟁이 끝나고 다시 서울로
돌아가지 않고 지역에 뿌리를 내렸다. 나도 그 역사의 반 이

상을 함께했다. 1987년부터 지금까지, 오직 지역에서 책과 함께 살았다.

지역에서 출판을 한다는 것

지역 출판의 역할은 자신이 살고 있는 지역 사람과 그들이 빚어낸 문화를 기록으로 남겨 보존하는 데 있다. 사라지는 지역의 콘텐츠를 후손에게 전해주는 일, 그 중요한 일을 하는 곳이 지역 출판사다. 그래서 "지역에 좋은 출판사가 하나 있는 것은 좋은 대학이나 언론사가 있는 것과 같다"고 하지 않던가. 그 역할을 할 수 있는 곳이 지역 출판사이고, 그 결과물이 지역 출판물이다. 하지만 지역에서 출판을 한다는 것은 어느 하나 쉬운 일이 없다. 당장 경험 있는 인력을 구하는 일부터 신입 직원의 교육, 물류와 유통 등 모든 것이 수월치 않다. 아쉽지만 어쩔 수 없다. 모든 일이 경제적 수치와 통계로만 표시되는 세태에서 지역 출판사가 그 지역 경제에 미치는 영향을 생각하면 아주 미미하다고 판단할 수 있기 때문이다.

하지만 절대 간과할 수 없는 것은 비록 눈에는 보이지 않지만 지역 출판사가 지역에 미치는 지대한 영향이다. 지역 출판인의 역할은 단순히 책을 엮어내는 것 이상이다. 그들은 그 지역의 진정한 삶을 발굴하고 기록한다. 그것은 문학이 되고, 철학이 되고, 역사가 된다. 지역의 삶을 기록한다고, 지역 출판사의 출판물이라고 하향적 시각이 없는 것은 아니지만, 꿋꿋하게 자신의 길을 간다. 2020년, 대구가 코로나19로 봄을 송두리째 빼앗긴 시절에도 그랬다. 당시에는 다시 봄을 맞을 수 없을지도 모른다는 생각이 들 정도로 암울했다. 언론에서는 조금이라도 더 참담함을 자극적으로 보도하기 위해 경쟁하는 듯했고, 다른 지역 사람들조차 대구와 대구 사람과 거리를 두었다. 심지어 서울의 대형 병원에서는 대구에서 오는 응급 환자까지 거부하던 시절이었다.

그때 우리는 고민했다. 이 어둡고 암울한 시기에 지역 출판사가 지역을 위해 할 수 있는 일이 과연 무엇인지를 생각했다. 그 결과가 힘든 시기를 보내고 있는 대구를 기록으로 남기자는 것이었다. 모두가 불안에 떨던 시기에 희망의 등불이 필요했다. 어려운 시기에 나만 힘든 것이 아니고 모두가 잘 버티고 있다는 희망을 빨리 건네주고 싶었다. 그래서 다양한 분야에 종사하는 시민들의 상황을 알아보고, 목숨을 걸고 환자를 이송하고 치료하던 의료진의 다급함을 기록하기로 했다. 서둘러 직업이 다른 시민 50명을 선정해 원고를 청탁했다. 마음이 급해 카카오톡으로 취지와 청탁서를 보냈다. 반응은 의외로 뜨거웠다. 생업을 할 수 없어 답답하던 차에 글로 마음을 풀어내니 속이 시원하다며 오히려 출판사를 위로했다.

기획부터 출간까지 한 달이 채 걸리지 않았다. 의료진의 기록도 마찬가지다. 생사가 달린 전쟁터에서 시간을 보내는 의료진에게 현장에서 보고 느낀 점을 글로 적어달라고 하는 것이 과연 적절한지에 대해 고민하다가 결국 생각한 대로 부탁했다. 우려와는 달리 그들은 힘든 시간을 보내면서도 흔쾌히 수락했다. 코로나19 현장에서 일하던 의사와 간호사, 구급대원 등 35명의 의료진이 생생한 현장 느낌을 사진과 함께 원고로 전해주었다. 그래서 뉴스에서 볼 수 없었던 또 다른 사투 현장을 책에 담아 시민들에게 알릴 수 있었다. 이렇게 탄생한 것이 코로나19 시기 대구 시민의 기록 『그때에도 희망을 가졌네』와 당시 현장에서 헌신한 대구 의료진 35명의 목소리를 기록한 『그곳에 희망을 심었네』다. 우리나라에서 처음으로 코로나19를 기록한 책으로 언론에서 크게 소개됐다.

혼란한 상황에서 코로나19에 대한 대구의 기록물은 이렇게 탄생했다. 책이 출간되자 참여 필자와 독자의 반응이 뜨거웠다. 중앙 언론은 물론 똑같은 어려움을 겪던 일본에서도 큰 관심을 가졌다. 책의 힘을 느낄 수 있는 순간이었다. 사람의 이동마저 쉽지 않던 시절에, 모두가 우리 대구를 피하던 시절에, 지역의 재난을 기록으로 남겼다. 이런 일을 지역 출판사가 아니면 누가 할 수 있겠는가. 이렇게 우리는 해야 할 일을 찾고 길을 만든다. 지역 출판사의 역할을 찾고, 지역 민에게 보답할 수 있는 일을 찾아 함께 가려고 노력한다.

책을 매개로 함께 어울리는 일

먼저 시민을 대상으로 '학이사독서아카데미'를 개설해 제대로 읽기를 공부하며, 매달 독서 동아리 '책으로 노는 사람들'과 만나 동서양 고전을 함께 읽는다. 내가 사는 지역에서 책으로 함께 행복해지기를 바라기 때문이다. 책의 날에는 시민과 함께 책과 장미를 들고 만나는 '대구, 책으로 마음 잇기' 행사를 열고, 문학 작품 배경지 기행을 하고, 독서 분위기 조성을 위해 '완행열차 타고 책 읽기' 캠페인을 한다. 이렇게 지역민과 어울려 책과 함께 즐겁게 놀 수 있는 것은 학이사가 지역에 기반을 두고 있기 때문이다.

또 같은 처지에 놓인 전국 지역 출판사를 응원하는 일도 한다. 어느 병원의 도움을 받아 '사랑모아독서대상-서평' 대회를 여는데, 전국의 지역 출판사 책만 대상 도서로 지정한다. 이 독서 행사에서 특별한 것은 '기업 독서상'이다. 대구 시내 기업 열다섯 곳이 자기네 이름을 걸고 지역 출판물을 읽는 사람에게 상금을 준다. 시상식에서는 기업 대표가 직접 시상을 하게 해서 기업이 독서 문화에 관심을 갖게 한다.

서평 교실 '학이사독서아카데미'는 모두가 책 읽기를 통해 행복해지자며 시작한 일이다. 글쓰기 수업이 아니다. 모두가 생산자만 공급하는 시대에 우리는 훌륭한 소비자를 양성하기로 했다. 책을 제대로 읽기 위한 공부를 하자며 모였다. 그 방법으로 선택한 것이 서평 쓰기다. 가입 조건도 없다. 무조건 선착순 열다섯 명이다. 대학생부터 80대 어르신까지 다양한 연령대가 모여 3개월을 공부한다. 2023년까지 9기생을 배출했다. 과정을 수료하면 자연스럽게 공동 서평집을 엮을 수 있는 수준이 된다. 강사는 각 과정을 잘 이해하고 있는 선배가 봉사로 맡는다. 과정을 마친 수강생은 독서 동아리 '책으로 노는 사람들' 회원으로 활동한다. 매월 한 차례 만나 동서양 고전을 번갈아 읽고 토론한다. 전대미문의 코로나19 시기에도 거르지 않았다. 처음에는 각자의 위치에서 카카오톡으로, 이후 줌이 보편화되면서는 줌 토론회로 이어갔다. 난세를 이기는 데는 독서뿐이라는 믿음으로, 그렇게라도 단절되지 않으려고 노력했다.

학이사독서아카데미 설립 목적 중 하나는 지역에서 펼치는 독서 운동이다. 지역을 위한 길이자, 궁극적으로 출판사를 위한 일이다. 지역의 대표 일간지 〈매일신문〉도 돕겠다고 나섰다. 회원들이 읽은 책을 서평으로 소개하는 「내가 읽은 책」이란 코너를 매주 연재할 수 있도록 지면을 내어주었다. 2023년 12월까지 335회, 7년에 걸쳐 시민들에게 회원이 읽은 책 335권을 소개했다. 이런 독서 운동 중에서 사람들이 특히 관심을 가지는 것은 '학이사 금요 북 토크'이다. 누구에게나 개방된 행사로, 독자를 불러내는 것이 아니라 독자가 있는 곳이면 어디든 작가를 모시고 찾아간다. 처음 시작한 2022년에는 '골목에 찾아온 저자'라는 이름으로 10회를, 2023년에는 '찾아가는 동네 책방'이라는 이름으로 동네 책방을 찾아 10회를 진행했다. 2024년에는 학이사 창사 70년 역사를 기념하기 위해 '지역 출판 70주년'이라는 이름을 걸고 새로운 10회를 시작했다.

이렇게 저자와 독자, 출판사와 책방이 책을 매개로 지역에서 함께 어울리다 보면 우리 모두가 행복해질 수 있다고 믿는다. 이런 행사를 통해 우리 지역에도 이렇게 좋은 작가가 있고, 우리가 사는 골목에 책방이 있고, 출판사가 있다는 걸 지역민에게 알린다. 그러면서 지역 작가와 지역 출판물, 우리 동네 책방을 아껴달라고 부탁한다. 책방과 독자의 반응은 뜨겁다. 지역 출판사는 이렇게 혼자 또는 함께 지역을 위해 활동한다.

혼자서 힘에 부치면 같은 처지에 놓인 출판사들과 힘

을 모으기 위해 연대한다. 전국의 지역 출판사가 활로를 개척하기 위해 모인 한국지역출판연대가 그것이다. 한국지역출판연대는 2017년 제주에서 열린 '제1회 한국지역도서전'을 시작으로 해마다 전국을 권역으로 나눠 찾아가는 도서전을 개최한다.

우리 스스로 지치지 않기 위한 자구책이다. 비록 타 업종에 비해 규모는 작을 수 있지만 지역 출판사가 지역에서 하는 일이 왜 소중한지, 왜 지역이 지역 출판사를 아껴야 하는지를 알리기 위해 전국을 순회하면서 관심을 갖게 한다. 책을 통해 개인의 발전뿐만 아니라 내가 사는 지역이 진정한 문화 도시, 책의 도시가 되는 길을 사람들과 함께 고민하고 바라는 것이다.

우리는 이렇게 스스로 활로를 개척하지만, 많은 게 미약하다. 대부분의 출판사가 한두 명의 직원과 함께하며 북치고 장구 친다. 무엇을 기획하고 진행하기가 쉽지 않다. 그래서 그 지역에서 생성된 기록물이나 출판물을 담당하며 함께 고민할 수 있는 도서관이나 행정 기관에 도움을 요청하기도 한다. 출판사, 도서관, 작가, 독자가 지역에서 어울려 책과 놀 수 있는 터전을 함께 만들어가자고 부탁하기도 한다.

다시, 지역 출판의 부흥을 꿈꾼다

어떻게 하면 이 소중한 지역 출판물을 생산하는 지역 출판사가 자긍심을 가지고 일할 수 있을까? 결론은 하나다. 출판사의 노력에 중앙 정부나 지방 자치 단체의 지원이 더해져야 한다. 지역민이 지역책으로 즐겁게 어울려 놀 수 있고, 더불어 출판사가 지역 사회에 이바지할 수 있도록 도와야 한다. 지역 출판물을 지역민들이 언제든지 만날 수 있게 도서관과 서점에 비치해야 한다. 조례로 정하면 어렵지 않게 해결할 수 있을 것이다. 지역에서 애써 만든 책이, 지역 문화 콘텐츠가 독자에게, 그것도 지역 독자에게조차 전달되지 못한다면 무슨 소용이겠는가? 지역 도서관에서도 전체 도서 구입 예산에서 지역책 구매에 일정 금액을 할애하면 좋겠다. 또 지역 서점에서 지역책을 구매하는 독자에게는 독서 인센티브를 주는 등 서점과 함께 살아갈 방안을 연구해야 한다.

우리가 사는 지역에서 서점이 사라진다면, 책의 실물을 보고 만지는 기쁨이 없어진다면, 상상만으로도 일상은 팍팍해진다. 그렇다. 지역에서 작가와 출판사, 서점, 도서관, 독자가 어울려 제각기 역할을 충실히 할 수 있을 때 비로소 지역 사회와 지역민의 삶은 풍요로워진다. 그러기 위해서는 무엇보다 출판사 재직자나 취업 희망자를 위한 출판 교육이 우선되어야 한다. 알아야 면장을 한다고 했다. 안타까운 점은 지역에서는 돈을 주고도 출판 교육을 받을 곳이 없다. 그렇다고 서울에 가서 배운다는 것도 말처럼 쉽지 않다. 대구·경북 지역 대학에는 출판 관련 학과가 한 곳도 없다. 더불어 직원이 많은 출판사가 없어 전문 인력의 유동이나 경험을 공유하기도 쉽지 않다. 한국출판문화산업진흥원(이하 진흥원)에서 전국으로 찾아가는 교육을 시행해야 하는 이유다.

대구는 그나마 다른 지역에 비하면 상황이 낫다. 대구 출판산업단지가 있고, 출판산업지원센터가 있다. 2022년까지는 진흥원에서 위탁을 받아 출판 교육이 진행됐다. 참가하는 교육생들의 상황을 보면 얼마나 시급한지 알 수 있다. 부산과 울산을 비롯해 멀리서 새벽부터 차를 타고 교육을 받으러 온다. 무엇 때문이겠는가? 이런 기회를 놓치면 교육 받을 기회가 없기 때문이다. 이런 문제를 해소하기 위해 각 지역에 거점 도시를 정해서 찾아가는 출판 교육을 시행해야 한다. 대구와 경북 지역은 대구출판산업지원센터를, 경남 지역은 부산이나 울산을, 전남 지역은 광주를, 전북 지역은 진흥원 본원이 있는 전주를, 충청권은 대전이나 충주를, 강원권은 원주나 춘천 등을 거점으로 삼아 찾아가는 출판 교육이 이루어져야 한다. 제주 역시 마찬가지다.

우리는 다시 꿈꾼다. 저마다 위치한 지역에서 마음껏 일할 수 있기를, 지역에서 만든 책으로 지역민 모두가 행복하기를. 그래서 다시, 지역 출판의 부흥을 꿈꾼다. 다 함께.

Part 2

로컬×비즈니스

LOCAL
LIFE
TREND

덕업이 모여
스몰 비즈니스를 만든다

정수경 즐거운도시연구소 대표

경원동#의 시작: 시부야○○서점

시부야○○서점은 일본의 지역 재생 전문 잡지 〈소토코토〉
의 다케나카 씨가 추천해준 시부야 히카리에 8층에서 발견
한 공유형 서점이다. 서점에 들어가면 책장 한 칸 한 칸에 서
로 다른 서점의 이름이 쓰여 있고, 서점 주인의 글씨로 책들
의 주제가 설명되어 있다. 처음에는 시부야에 존재하는 독립
서점들의 책을 받아 만든 건가 했는데, 운영 방식이 전혀 다
른 공유형 서점이었다.

  시부야○○서점은 약 30cm×30cm의 책장 한 칸을
개인에게 임대한다. 대충 살펴봐도 400여 칸 정도가 있었으

니 400여 명의 사람이 시부야○○서점을 만들고 있는 셈이다. 책장 한 칸은 월 5,000엔에 빌릴 수 있으며, 한 칸을 빌린 사람을 '선반주'라고 부른다.

선반주들은 대부분 본업이 있다. 그들은 서점 운영이라는 꿈을 소소하게나마 실현하기 위해서, 또 내 취미를 공유하기 위해서 자신만의 한 칸 서점을 연다. 시부야○○서점의 본질은 본업으로는 서점을 열 수 없는 사람들에게 작은 부업으로서 꿈을 실현할 기회를 주는 것이라고 생각한다.

임대료가 비싸기로 유명한 시부야 히카리에에 작은 서점이 있다는 것이 놀라웠는데, 2021년 8월에 크라우드 펀딩을 통해 만들어졌다고 한다.

더 놀라운 것은 시부야○○서점의 모토다. 이 서점을 기획하고 이곳을 통해 '편애로운 세상'을 만드는 것이 목표라는 요코이시 씨는 편애(또 다른 말로는 '덕후력', '취향')가 있어 무언가에 몰두할 수 있는 사람이야말로 행복을 느끼며, 편애가 세상을 구한다고 이야기한다. 이러한 모토 하에 선반주들은 자신의 '덕후력'과 취향을 책장 한 칸에 즐겁게, 마음껏 담아낼 수 있다.

그들에게 책장 한 칸은 자신의 편애를 세상에 마음껏 표현하는 공간이 되고, 소소한 '덕업일치'가 되며, 비슷한 편애를 가진 동료를 만나거나 선반주끼리 만나는 커뮤니티 공

경원동# : 사람과 사람을 연결하는 서점

1 거주지
전북 28명
서울/경기 16명
대전/세종/충남 7명
부산/경남 6명
제주 1명

2 주제
#로컬, #마을, #도시재생
#지속가능, #디자인, #기후위기
#소설, #지역작가, #지역장인
#취향;#토렌드, #콘텐츠, #매거진
#정원, #가드닝, #귀촌
#커뮤니티, #DIT, #건축
#지역관리, #골목상권
#노동, #여성, #엄마, #일
#블록체인, #이탈리아
#팝업책, #철학, #빈티지

경원동#

◥ 책장주 거주지

'책장주'의 거주지를 정리한 지도.

60

간으로도 확장된다. 선반주들은 돌아가면서 서점에 나와 점원 역할을 해야 한다. 아무도 가게를 지킬 수 없는 날은 휴일이 된다고 한다. 그러나 이러한 이유로 휴일이 되는 날은 생각보다 적다. 역시 '덕업'은 소중하니까.

사람들은 더 연결되고 싶어 한다

최근에 들은 이야기 중 가장 공감한 것은 "지금 공동체가 더 중시되고 있다"라는 말이었다. 다만, 예전의 공동체처럼 마을과 같은 일정 공간에서 생기는 것이 아니라 공간적 한계 없이 취향 등을 공유하고, 함께 공감하는 공동체가 온오프라인을 넘나들면서 우후죽순으로 생겨나고 있기 때문에 공동체를 다른 관점에서 봐야 한다는 것이다.

우리 조상들은 다른 동네로 시집을 가면 친정에 돌아오지 못하고 시댁이 있는 마을 커뮤니티에 속해 살았다. 사는 공간, 일하는 공간, 제3의 공간(휴식, 연대, 어울림 등)이 동네 안의 거기서 거기에 위치한, 내가 선택할 수 없는 환경에서 최선을 다해 부대끼는 관계가 인생의 대부분을 차지했다.

그러나 현대에 들어오면서 산업 형태가 바뀌고 교통, 인터넷 등의 기반 시설이 발달하면서 많은 환경을 스스로 선택할 수 있게 됐다. 어디든 갈 수 있고, 커뮤니티는 많다.

인터넷, SNS도 있다. 굳이 힘들게 재미없는 동네에서 부대 끼지 않아도 된다.

도시일수록 사는 공간, 일하는 공간, 쉬는 공간이 더욱 분리된다. 이는 다양한 자아의 탄생을 의미한다. 일하는 공간과 쉬는 공간에서의 나는 다르다. SNS상의 '부캐'도 당연한 시대다. 한편 동네 입장에서는 이러한 변화를 보며 사람들이 더 이상 예전처럼 연대하지 않는다고 느낄 수 있다. 동네에서 일하는 공간과 쉬는 공간이 빠져나갔기 때문이다. 그러나 개인으로서는 나의 취향에 맞는 일, 사람, 휴식과 연결되기 위해 사는 공간이 아닌 제3의 공간을 선택하고 내가 좋아하는 것에 아낌없이 소비한다. 거리는 크게 상관이 없다. 현대의 개인은 스스로 선택한 일과 커뮤니티에 속하고 싶어 한다.

이러한 생활 양식 변화는 지방 도시의 서점이 커뮤니티 거점이 될 수 있다고 확신하게 했다. 2022년 겨울부터 이곳저곳에 공유형 서점을 하면 좋겠다고 반년 정도를 이야기하고 다녔다. 다들 좋은 아이디어라고 하면서도 비즈니스로 뛰어들기에는 부담스러웠는지 아무도 진행하지 않았다. 그래서 결심했다. '그냥 우리가 하자.'

즐거운도시연구소에서는 2020년부터 원도심에서 진행되고 있는 원데이 클래스, 강연, 커뮤니티 등의 정보를 모아 학기와 시간표를 만들어 9도심캠퍼스를 운영해왔다. '우리 원도심은 정보만 잘 모아도 학교 하나는 뚝딱이지'라는 자부심을 바탕으로 시작했는데, 원도심을 학교 캠퍼스로 만들겠다는 비전 외에 구체적인 역할 설정, 전략 등이 부실했고 시간표를 만들고 배포하는 데 급급했다. 그래서 우리 회사의 역할을 다시 정리해보았다. '취향, 덕후, 성장, 팬덤, 기술 등에 기반을 둔 공동체를 전주시 원도심의 어딘가에 모은다.' 이렇게 되면 전주시 원도심에 수많은 취향 공동체가 생기고, 팬덤이 형성되는 공간이 만들어질 수 있겠다는 생각이 들었다. 결국 우리가 하고자 하는 일은 단순히 시간표를 만들기보다는 공동체와 팬덤을 만들어내는 일이었다.

사람과 사람이 연결되는 서점, 경원동#

즐거운도시연구소의 역할을 되새기며 '경원동#'이라는 이름으로 '사람과 사람이 만나는 서점'을 오픈하게 됐다. 자신의 이야기를 하고 싶은 사람들의 어젠다·취미·업을 주제로 책장을 채우고, 이야기를 듣고 나누고 싶은 사람들이 만날 수 있는 커뮤니티 공간을 구성했다. 이야기를 나눌 마음이 들도록 정말 열심히 꾸몄다.

경원동#에서는 시부야○○서점처럼 책장을 빌려 운영

할 수 있다. 책장을 빌린 이들을 '책장주'라고 한다. 책장주들은 경원동#을 함께 꾸며나가는 동료다. 우리는 전체 공간을 오픈하고, 책장주들은 자신만의 서점·공방·미술관을 오픈했으니까. 물론 책장주들도 3개월에 한 번씩 방문해서 자신의 공간이 잘 있는지, 어떤 것들이 더 필요한지 경영에 대해 고민해야 한다.

서점의 책장 칸은 105개다. 그중 63개를 63명의 책장주에게 임대하여 마이크로서점(임대하는 책장을 마이크로서점이라 정의했다)이 모여 있는 작지만 거대한 상점가를 꿈꾼다. 마이크로서점의 책장주는 자신이 선택한 주제에 맞게 책장을 서점, 미술관, 전시실 등으로 운영할 수 있다. 책장주를 위한 네트워크 파티와 반상회를 개최하고 상인연합회 등도 꾸릴 예정이다.

서점의 임대 시스템

임차 후 개업을 위해서는 책장 이름을 지어야 한다. 책장 이름에도 규칙이 있다. #○○서점, #○○미술관, #○○공방 등과 같이 앞에는 #을, 뒤에는 서점·미술관과 같은 공간 기능을 적어야 한다. 예를 들어 '#도시서점'과 같이 ○○에는 보통 책장주의 특징이 묻어나는 키워드를 넣는다. 이름을 정하면 미니 간판도 설치할 수 있다. 책장 임대료는 월세로 3만 5,000원(부가세 별도)이다. 최초 6개월 단위로 계약하고, 갱신은 3개월 단위로 가능하다. 책장을 활용해 물품을 판매하고자 하면 15,000원(부가세 별도)의 판매 시스템 이용료가 발생한다. 해당 금액은 각종 수수료, 인건비, 홍보비 등으로 쓰인다.

임대용 책장 아래에는 작은 서랍이 달려 있다. 책장을 개개인에게 임대하는 시스템을 일본의 공유형 서점인 시부야○○서점에서 착안해 오면서 고민했던 점이 만남과 소통이었다. 단순히 마이크로서점을 여는 일에 만족하는 것이 아니라 사람과 사람이 만나는 서점이 되려면 어떻게 해야 할지 끊임없이 고민했고, 그 결과 서랍을 달았다. 방문객이

임차 후 개업을 위해서는 책장 이름을 지어야 한다.

책장주에게 궁금한 점을 적어 책장 서랍 안에 넣어두면 그것을 책장주에게 건네주는 시스템이다. 방문객의 요청이 있다면 강연회나 북 콘서트, 모임을 개최해달라고 요청하기도 한다. 책장에 있는 이야기들을 서랍에 담고, 나중에 그걸 본 누군가가 책장주에게 말을 걸 수 있는 창구가 될 것을 기대한다. 1~2년 안에는 온라인 서랍도 만들 예정이다.

더 많은 연결이 이루어지기를

경원동#의 책장은 어떻게 채워져 있을까? 2023년 8월에 책장 임대 사전 신청을 오픈했는데, 불과 4일 만에 40칸이 가득 찼다. 역시 사람들이 자신의 이야기를 하고, 또 연결되고 싶어 한다는 것을 느꼈다. 사전 신청일과 실제 계약일의 간격이 있다 보니 사전 신청자와 실계약자가 조금 달라지기도 했다. 흥미로운 사실은 전북 거주자가 스물여덟 명까지 늘어났다는 점이다. 전주에 거주하고 있는 책장주는 대부분 공간을 직접 보고 계약했다. 공간에 공을 들인 보람을 느꼈다. 전북 외 거주자는 서른 명이고, 나머지 다섯 칸은 즐거운도시연구소에서 협업해 운영하고 있다(2024년 4월 기준).

즐거운도시연구소에서 운영하는 책장에는 회사의 특성이 물씬 반영되어 '로컬', '마을', '지속 가능성'이 가장 큰 비중을 차지한다. 그래서 다른 책장까지 로컬과 마을만으로 가득 차면 어쩌나 고민했는데 지역 작가, 소설, 취향, 가드닝 등 주제가 점점 다양해지고 있다. 자신이 하고 싶은 이야기를 글로 쓰는 사람이 늘어나고 있다는 방증이 아닐까? 또 책장주 본인이 작가이거나 출판사를 운영하거나, 혹은 소속된 단체와 회사에서 낸 책을 진열한 책장이 열아홉 개다.

한편 경원동#을 열고 난 뒤 벤치마킹 문의가 몇 건 들어왔는데, 그중에서 정말 잘 되겠구나 싶은 곳은 대전의 '은유림'이었다. 은유림은 최석민과 우은지 두 명이 함께 준비하는 서점이다. 이미 서점의 많은 부분이 기획됐고, 그중 일부 책장에 서점주 임대 방식을 넣을지 고민하는 것이기에 실현 가능성이 크다. 벤치마킹 가능 여부를 묻더니 곧 전주까지 찾아왔다. 두 책방지기의 이야기를 들으니 응원하고 싶은 마음이 커졌고, 그들이 만들어나갈 서점 은유림을 더욱 기대하게 됐다.

은유림에서도 임대하는 책장을 경원동#에서 사용한 '마이크로서점'이라는 명칭으로 정리하고, 마이크로서점의 로고를 함께 부착해보기로 했다. 경원동#과 은유림은 각자의 이름, 스타일, 지향점을 가지지만 마이크로서점 방식을 공유하는 공동체다. 앞으로도 경원동#과 은유림처럼 사람과 사람의 연결을 꿈꾸는 서점이 늘어나길 기대해본다.

로컬의 발견,
인터뷰로 발견하고 이야기로 연결한다

곽효정 제주 로컬 매거진 〈Sarm〉 편집장

나의 첫 번째 로컬은 우즈베키스탄 소도시 페르가나다. 봉사단원으로 2년 동안 그곳에서 머물며 한국어를 가르쳤다. 한국 도시에 비하면 페르가나는 아주 작은 마을 같은 곳이다. 내가 살던 집에 컴퍼스를 세운 후 반지름 3km의 원을 그려놓으면 그 안에 모든 생활권이 들어간다. 당시 근무했던 고등학교, 토론회를 진행했던 도서관, 시장, 슈퍼마켓, 레스토랑, 호텔, 공원, 동료 선생님의 집, 훗날 생긴 기차역 등 주요 장소가 그 원 안에 다 있다. 버스에서 내릴 때 기사에게 다가가 "세워주세요"라고 우즈베크어로 직접 말해야 하는데, 특히 한국인에게 관심이 많은 우즈베크 사람들의 시선을 끌기 싫어서 초기에는 자주 걸어 다녔다. 아무리 먼 곳도 집에서 4km를 넘지 않으니 가능한 일이었다.

니들이 로컬을 알아?

서울에 비하면 즐길 거리가 드문 그곳에선 작은 가게 하나
가 생기는 것도 커다란 사건이다. 시간을 단축하기 위해 버
스를 타지도 않는다. 튼튼한 두 다리로 1~2km만 걸어도
목적지가 나온다. 그렇다 보니 그곳에서 살 때는 시간이 넉
넉했다. 학교 근무를 마친 후에 집에 들러서 쉬다가 오후에
는 일본인 봉사단원 친구를 만나고, 저녁에는 아래층에 사
는 동료 선생님과 공원 산책을 하곤 했다. 어떤 때는 이보다
더 자주 집에 들렀다. 나중에는 우즈베크 학생들과 친해져
서 날마다 집에서 한국어 고급반 수업을 했다. 방학 때면 학
생들이 우리 집 앞까지 찾아와서 나를 불렀다. 대부분 텃밭
을 가꾸는 학생들이 수확한 과일을 선물하려고 온 것이다.
한번은 한 학생이 검은 비닐봉지에 담긴 갓 수확한 포도를
한 아름 안겨주었는데, 포도와 함께 온 벌레 때문에 깜짝 놀
란 적도 있다. 어쩌면 이토록 생태적인 곳이 있을까.

　한국어 수업 시간마다 자주 하는 질문이 있다. 학생들
이 잘 알아듣도록 또박또박 말해야 하는 이 질문은 "취미가
뭐예요?"다. 학생들은 하나같이 이렇게 답한다. "산책이요."

초기에는 그 뻔한 답변 앞에서 이곳 아이들은 왜 이렇게 획일적이냐며 불평했다. 하지만 그곳에서 생활한 지 1년 차가 되던 날, 페르가나에서 가장 큰 공원인 '알파르고니 공원'에서 날마다 산책하는 나를 발견했다.

그곳에서 한국인 선생님은 유명 인사다. 나는 모르지만 나를 아는 수많은 학생이 인사하거나 말을 거는데, 그건 꽤나 불편한 일이었다. 하지만 지나고 나서 생각해보면 그 모든 것이 가능했던 이유는 4km 근방에 생활권이 형성되어 있는 페르가나 지역의 특성 때문이다. 그곳에서의 일상은 단순했다. 날마다 학생들에게 한국어를 가르치고, 고급반 아이들과 깊이 있는 토론회를 진행했다. 이따금 시장에 갔지만, 역시나 시장은 불편해서 마트에 가서 장을 봤다. 또 날마다 저녁을 차렸고 요리를 못하는 동료 선생님을 초대했다. 식사 후에는 공원에서 산책하며 우즈베크 학생들에게 한국어를 가르치며 생각한 것들에 대해서 이야기를 나눴다. 특별한 날에는 한국어 고급반 학생들과 파티를 하거나 소풍을 갔다.

나는 그곳에서 로컬이란 이런 것이 아닐까 생각했다. 로컬에 대한 다양한 정의와 해석이 난무하지만, 나에게 로컬이란 이런 곳이다. 내가 살고 싶은 곳, 집 가까이에 이웃과 친구가 있고 평범한 일상이 지속되는 곳, 트렌드를 쫓을 필요 없이 있는 그대로의 내 모습으로 사는 곳. 대학까지 다녔던 고향 대구와 10여 년을 일하며 생활한 서울에서 나는 늘 먼 곳으로 떠나기를 바랐다. 한국에서 가장 먼 아르헨티나에서의 삶을 꿈꿨던 내가 우즈베크 소도시 페르가나에서 편안함을 느꼈고, 한국으로 돌아간다면 이웃이 친구이고 친구가 이웃인 로컬의 삶을 살리라 다짐했다. 그렇게 해서 정착한 나의 첫 번째 로컬은 바로 제주 서쪽 끝 시골 마을, 제주시 한경면 '고산리'다.

로컬의 삶이 시작될 때 우리가 이웃에게 하는 말

제주도에서 나는 제주관광공사와 함께하는 '삼춘마을 만들기 프로젝트'에 합류했는데, 그 프로젝트가 진행되는 곳이 바로 한경면이었다. 제주에서는 예부터 일가친척이 한 마을에 모여 살았기 때문에 어르신을 '삼춘'이라 부르는 전통이 있다. 삼춘마을 만들기에서 삼춘은 그러한 전통에서 따온 말이다.

서류에는 지속 가능한 법인을 설립해 지역 경제를 활성화해야 한다는 미션과 지원금으로는 일절 수익을 창출하지 말라는 금지령이 함께 적혀 있었다. 그렇다면 어떻게 지속 가능한 법인을 만들까를 고민하다가 결국 내가 옳다고 생각하는 일을 하기로 했다. 우선은 그 지역을 알아야 했다. 지역을 아는 방법은 지역의 역사 공부, 면에 소속된 마을 현황 파악, 지역 특산물 조사 등 다양하다. 하지만 나는 그런 방법보다 그동안 내가 해왔고, 또 잘할 수 있는 방법을 선택했다. 10여 년 동안 매거진 기자로 지내며 여러 사람을 인터뷰했던 나는 마을을 다니며 사람들을 만나 인터뷰했다.

처음에는 아는 사람이 없으니 마을 이장을 찾아가서 어르신들을 소개받았다. 사업성을 염두에 둔 제주관광공사 측에서는 나의 방식이 탐탁지 않았는지 예산을 좀처럼 내어주지 않았다. 결국, 첫 번째 인터뷰는 아주 적은 예산으로 4절지 종이 한 장에 인쇄해서 약 500부 정도를 한경면에 소속된 마을에 배포했다. 주민들 반응이 나쁘지 않아 다음 예산이 조금 더 생겼다. 그래서 만든 것이 이주민과 원주민의 인터뷰를 혼합한 16페이지의 얇은 책이다. 그다음에는 조금 더 지원을 받아서 페이지를 두 배로 늘리고 인터뷰이도 두 배로 늘렸다. 그러면서 점점 한경면에 사는 사람들의 이야기를 듣게 됐고, 어느새 나는 그들이 하는 고민을 함께하게 됐다. 어떻게 하면 이곳에서 경제 활동을 하며 오래오래 살 수 있을까.

대부분의 인터뷰이들, 그러니까 한경면에 정착하려는 마을 주민들은 잘 다니던 직장을 그만두고 제주 시골 마을로 내려와 새로운 일을 시작한 사람들이다. 그들의 업은 다양했다. 농부, 목수, 사진작가, 옷 가게·펍·편집숍·카페 주인, 서점원……. 그리고 대부분의 삶을 직장인으로 살아온 그들은 가게 청소부터 운영, 마케팅까지 모든 일을 스스로 해야 한다는 사실을 한경면 시골 마을에서 직면했다.

나는 그들을 인터뷰하면서 삼춘마을 만들기 프로젝트의 방향성을 잡았다. 그것은 바로 '로컬 브랜딩 프로젝트'를 진행해서 생애 처음 자신만의 가게나 업을 운영하는 그들에게 '로컬 브랜드 스토리'를 만들어주는 것이다. 자신이 살고 싶은 곳에서 하고 싶은 일을 하기 위해 그들에게 필요한 것은 '아무리 힘든 일이 닥쳐도 변하지 않는 자신만의 가치를 정립하고, 그 가치 기준에 따라 자기 일을 운영하는 것'이다. 그러기 위해서 소상공인을 위한 브랜딩 워크숍이 필요했다. 나는 이런 생각을 긴밀하게 소통해서 워크숍에 반영해줄 마케터를 섭외했다. 한 해를 다니고 퇴사한 출판사에서 만난 마케터로, 지금은 광고 기획사의 어엿한 중역이 된 친구다. 그를 선택한 이유는 출판사를 다니며 그와 자주 나눴던 대화 때문이다. 2007년 당시 나는 지속 가능한 세상을 위해서 '사회적 기업'의 필요성을 절감했고, 기획하는 모든 책에 공유 문화, 로컬, 골목 경제, 기업의 사회적 역할과 미래 기업의 대안으로 사회적 기업이 될 것을 권하는 내용을 집어넣었다. 그리고 그는 편집장을 비롯한 다른 에디터들의 무관심에도 불구하고 내 생각에 전적으로 동의해준 동료다.

내가 처음 로컬과 골목 경제 활성화의 필요성 그리고 사회적 기업의 중요성을 인식한 때가 2007년이라니! '나는 앞서가는 사람이었을까', '트렌드에 민감한 사람이었을까' 하고 스스로에게 질문한 후 바로 '아니'라고 답한다. 그렇다면 나는 지금에서야 대중적으로 언급되는 로컬이나 사회적 기업에 어떻게 관심을 갖게 됐을까. 2003년 대학을 갓 졸업하고 들어간 첫 직장에서의 인터뷰 경험 때문이다. '보통 사람의 맛있는 이야기'라는 주제로 전국 곳곳의 사람을 만나서 인터뷰를 했었다. 그러면서 세상이 불균형하게 돌아간다고 생각했고, 그 불균형을 조금이라도 없애려면 어떻게 해야 할지 오랜 시간 고민했다. 그래서 배낭 하나 둘러메고 인도, 페루, 볼리비아, 칠레, 아르헨티나로 여행을 가거나 이역만리 우즈베키스탄으로 봉사 활동을 떠나기도 했다. 그러한 시간을 보내는 동안 출판사 동료인 마케터 친구와는 연락하지 않았다. 하지만 10여 년이 지나서 재회한 우리는 서로가 무엇을 원하는지 너무나도 잘 알고 있었다.

그렇게 시작한 로컬 브랜딩 워크숍에서 나는 이웃이자 소상공인이고 자신만의 브랜드를 꿈꾸는 일곱 명의 이웃을 만났다. 각자가 곧 경영자이므로 그들의 가치관이 또렷이 담긴 사업체를 분석하기 위해서 자아 탐구와 가치 단어를 찾는 워크숍을 진행했다. 몇 달에 걸쳐 100여 개가 넘는 질문에 답하면서 그들은 서서히 본질에 가까운 해답, 자신이 어떤 브랜드를 만들고 싶은지를 찾아냈다. 그리고 나는 그 모든 이야기를 엮어 200페이지에 가까운 〈로컬 매거진 한경×삶, 사람 Sarm〉을 출간했다. 그 책은 곧 그들의 로컬 브랜드 스토리였다.

책이 출간된 날, 우리는 다 함께 동네 펍에 둘러앉아 책거리를 했다. '아무도 알아주지 않더라도 나는 이런 가치관을 지녔기에 내 가게를 이렇게 경영하고 있어', '나만의 운영 철학이 있기에 내가 만든 이 로컬 브랜드는 작지만 소중해'라고 기록된 그 책을 두 손에 꼭 쥐고서 모두 기뻐했다. 나는 맥주를 마시며 나의 이웃인 그들에게 말했다. "내 친구가 되어주세요!"

연극이 끝난 후 시작되는 진정한 로컬 시대

〈로컬 매거진 한경×삶, 사람 Sarm〉을 출간한 2020년 새해에 삼춘마을 만들기 프로젝트가 끝났다. 안타깝지만 수익 창출이 어려워 그때 세운 법인은 폐업했다. 그러고 나서 시작한 일이 로컬 브랜딩 프로젝트에 함께한 소상공인들과 우리 이야기를 연극으로 만들어 무대에 올리는 것이었다. 제주문화예술재단의 지역 문화 활성화를 위한 지원 사업에 선정되어 3,000만 원의 지원금을 받았다. 단, 조건은 마을 주민과 함께 연극을 하는 것. 나는 그동안 인터뷰로 수집한 우리 이야기를 엮어 대본을 썼다. 그리고 연극 연출자였던 공방 우드비앙 사장, 무대 장치를 담당했던 목질 디자인 공방 사장, 동네 사랑방 역할을 하는 요이땅삐삐 펍 사장 부부, 끼로 똘똘 뭉친 동네 책방 소리소문 사장, 느린사진관의 사진작가 그리고 노래 잘하고 흥 많은 동네 해녀 삼춘들과 함께 만든 연극 〈꽃이 지고 꽃이 핀다〉가 코로나19가 한창이던 2020년 가을, 요이땅삐삐 펍 마당에서 펼쳐졌다. 40~50여 명의 관객이 빼곡히 둘러앉아 연극을 관람했다. 그동안 만나기 어려웠던 이주민과 해녀 삼춘은 연극 연습을 하며 속 깊은 이야기를 나누는 동네 친구가 됐다. 연극이 끝나고 3~4년이 지난 지금도 우리는 종종 그날의 이야기를 한다. 그리고 언젠가 시즌 2를 기획하자는 기약 없는 약속과 함께.

모든 지원 사업이 끝난 후 2022년 가을, 나는 제주관광공사에서 삼춘마을 만들기 프로젝트를 지원해준 고상문 실장, 매거진 디자인을 맡은 이승미 팀장과 새롭게 팀을 이뤄 〈로컬 매거진 Sarm〉을 창간했다. 그들은 내가 한경면에서 해온 일을 가장 가까이서 지켜봤고, 기꺼이 그 일을 계속

해나가기를 바랐다. 나 혼자였다면 엄두도 못 낼 일을 그들과 함께 차근차근 해나가기 시작했다. 〈로컬 매거진 Sarm〉은 2023년 잠시 휴식기를 가졌지만, 지금까지 꾸준히 출간하여 10호를 발행했다. 그사이 제주 전 지역에서 로컬 브랜드를 찾아냈고, 수많은 소상공인뿐만 아니라 농부, 해녀, 마을 이장, 화가, 사진작가, 예술가, 문화 기획자, 다큐멘터리 감독 등 다양한 사람의 인터뷰를 진행했다.

　　그리고 여전히 고민한다. 우리가 만난 사람들의 이야기를 어떻게 하면 잘 연결할 수 있을까. 그렇다. 우리는 '로컬'의 가장 중요한 요소를 '사람'이라고 생각한다. 로컬에는 사람들이 뿌리내려 자신만의 방식으로 삶을 꾸려나가고 있다. 우리가 하는 일은 그들 곁에서 가만히 이야기를 듣는 것이다. 그러면 그들이 왜 그 마을에 살게 됐고, 어떤 꿈을 가지고 어떻게 가게를 운영하는지를 알게 된다. 그리고 이렇게 쌓여가는 이야기를 하나하나 연결하면 우리가 사는 이 제주 지역과 가장 잘 어울리는 콘텐츠를 발견하리라고 믿는다. 그렇기에 우리 매거진의 이름이 'Sarm(삶, 사람)'이다. 로컬의 모든 시작은 바로 이 '사람'에서 비롯된다.

출판의 길은
어디든 있다

유정미 이유출판 대표 · 대전대학교 교수

2022년 여름, 지방에 있는 다섯 출판사가 협업해 '어딘가에는 @ 있다' 시리즈를 출간했다. 예상보다 반응은 뜨거웠다. 출간 일주일 전에 동네 책방에서 선판매를 시작했는데 준비한 다섯 권 세트가 빠르게 동났다. 한 달간 중앙 매대에 진열해주겠다는 대형 서점도 나타났다. 언론사의 인터뷰 요청이 쏟아졌고 주요 일간지는 책 소개 기사로 도배됐다. 2년간의 준비 과정에서 쌓였던 고단함이 순식간에 사라지며 우리도 덩달아 흥분했다. 출판을 시작하고 이런 관심과 호응을 받아본 적이 없어 좀 얼떨떨하기도 했다. 그해 연말에는 〈한국일보〉가 주최하는 제63회 한국출판문화상 편집 부문 대상으로 선정됐다.

다섯 출판사의 컬래버레이션

강원도 고성의 온다프레스, 충북 옥천의 포도밭출판사, 전남 순천의 열매하나, 경남 통영의 남해의봄날, 그리고 대전의 이유출판. 이렇게 다섯 개 출판사가 모여 각 지역에 관한 이야기로 책을 냈다. 이 프로젝트의 자초지종을 간략히 소개하면 이렇다. 2020년 가을쯤 한 통의 전화를 받았다. 남해의봄날 정은영 대표였다. "지역 이야기로 같이 책을 내보면 어떨까요?"

건축가 남편과 디자이너인 내가 운영하는 이유출판은 건축과 디자인을 중심으로 책을 내고 있었다. 우리 역시 지역에 관심을 두고 활동 중이었으나 출판까지 시도하진 않았다. 내가 재직하고 있는 대전대학교 커뮤니케이션디자인학과는 2016년부터 학생들과 매년 대전 원도심을 탐구하며 '오! 대전' 프로젝트로 잡지를 발간하고 전시를 개최하고 있다. 그래도 이 콘텐츠로 출간을 계획하지 못한 건 지역 출판은 대중적인 관심을 받기 어렵기 때문이었다. 지역 콘텐츠는 지자체의 연구 과제로서 비매품으로 발간되는 경우가 대부분이다. 정은영 대표의 전화를 받을 즈음에는 '오! 대전' 5회를 마무리하며 콘텐츠가 제법 축적된 상황이었다. 그리고 학생들이 도시 골목을 누비며 길어 올린 내용을 더 많은

'어딘가에는 @ 있다' 시리즈 출간을 앞두고 다섯 출판사가 통영의 '남해의봄날'에 모여 홍보용 이미지를 촬영했다. ©남해의봄날

사람과 나누면 좋겠다는 생각도 하고 있었다. 그러던 차에 이런 제안을 받고 보니, 혼자보다는 여러 출판사와 같이하면 힘을 받지 않을까 하는 생각이 들었다.

　함께 모인 다섯 출판사는 고성부터 통영까지 겹치는 지역 없이 전국에 골고루 퍼져 있었다. 물리적 거리는 있어도 소통이 원활했던 건 코로나19로 인해 주목받은 '줌zoom'이라는 신문물 덕분이었다. 우리는 줌으로 한 달에 한 번씩 모였다. 처음에는 다소 서먹했으나 시간이 지나자 각자 의견을 적극적으로 내놓았다. 시리즈 주제는 각 출판사가 있는 지역 특성에 맞게 잡았다. 통영의 남해의봄날은 '충무김

밥'의 원조를 찾아 나섰고, 고성의 온다프레스는 서울에서 이주한 젊은 레터프레스 인쇄공 부부의 이야기를 들려주기로 했다. 옥천의 포도밭출판사는 이주 여성들의 목소리를 담았고, 순천의 열매하나는 동네 주민들의 정원 가꾸는 모습을 살폈다. 이유출판은 대전대학교 학생들이 '오! 대전'을 통해 탐구한 도심 속 철공소 이야기를 주제로 택했다. 학생들의 현장 조사로 기본 콘텐츠가 축적되어 있었고, 원도심을 연구한 임다은 작가의 인터뷰가 더해져 현실감을 더욱 생생하게 살릴 수 있다는 판단이었다. 각 출판사가 주제를 소개할 때마다 서로 응원하고 의견을 보태며 내용이 완성되어갔다.

오랜 기획 단계를 거쳐 실제로 원고가 들어오고 디자인 윤곽이 잡히자 대화는 더욱 활기를 띠었다. 이 대목에서 한 가지 짚고 싶은 게 있다. 여럿이 모여 어떤 일을 도모할 때는 구성원의 팀워크도 중요하지만, 확고한 신념과 리더십을 가진 이가 있어야 한다. 우리는 남해의봄날 정은영 대표가 그런 역할을 했는데, 그는 로컬 출판에 대한 경험과 노하우도 풍부했다. 일찍이 이 분야에 특화된 브랜드를 구축했고, 동네 서점과 전국적인 네트워크를 갖추고 있었다. 나머지 네 개 출판사는 혼자 혹은 둘이 꾸리는 작은 출판사다. 서울에서 살다가 지방으로 옮겼다는 공통점 외에는 경험도

성향도 달라서 한 방향으로 생각을 모으는 일이 쉽진 않았다. 이때 중심을 잡은 사람이 정은영 대표다. 그의 스태프들이 보여준 협업 정신도 큰 힘이 됐다.

지역의 현장으로 무게 중심을 옮기다

출판은 주로 개인의 역량과 생각에 의존하는 작업이다. 특히 작은 출판사의 경우, 발행인의 사유와 의지만으로도 책은 만들어진다. 따라서 다른 출판사와의 협업을 군이 택할 필요가 없다. 그러니 다섯 팀이 모여 책을 낸다는 건 명분이 뚜렷해야만 하는 일이었다. 그런데 남해 바닷가의 출판사에서 각자 지역의 이야기를 모아보자며 호소력 있는 '명분'을 들고나온 것이다. 지역의 문화를 출판으로 널리 알리자는 의미 있는 명분에 모두 동의했다. 그렇게 해서 2년여에 걸친 대장정을 마치고 2022년 7월, 각기 다른 지역 이야기가 다섯 권의 책으로 나왔다. '처음 듣는 지명, 낯선 사람, 생소한 사물들, 그리고 서울이 아닌 곳에서 자신의 생활과 일을 아름답게 가꾸는 사람들이 전하는 지역의 목소리. 작지만 가볍지 않고 단단하게, 다양한 색깔로 지역의 독특한 문화와 삶의 기록을 다섯 출판사가 함께 담아냈습니다'라는 홍보 문구과 함께. 독자의 반응은 뜨거웠고 우리는 신이 났다. 혼자 생각하고 만들던 책과는 달리 우리의 상황을 함께 고민하고 만들어냈기에.

이 시리즈는 이유출판에도 큰 계기를 마련해주었다. 이유출판은 책을 좋아하는 부부가 2014년에 첫 책을 내며 출발한 1인 출판사다. 나의 본업은 대학에서 학생들에게 디자인을 가르치는 일이다. 대전에서 근무한 지 10년이 넘었지만 서울에서 출퇴근하다 보니 이 도시에 대해 별로 아는 바가 없었다. 학생들에게 졸업 후 활동할 곳은 '서울'이라고 무심코 길을 안내하기도 했다. 문화와 디자인의 중심지는 역시 서울이고, 서울은 매력적인 무언가로 가득하다고 말이다. 하지만 서울에 취업한 학생들이 사는 모습을 보고서는 충격을 받았다. 본가가 서울이 아닌 학생들은 대부분 원룸이나 고시촌에서 생활했는데, '집이 아닌 방'에서 혼자 지낼 수 있기만 해도 다행이었다. 월급의 절반이 주거비로 나간다는 건 출발부터 기울어진 운동장인 셈이다.

그때부터 나도 생각을 바꾸어 디자인 교육의 무게 중심을 지역의 현장으로 옮기기로 했다. 이것이 학생들과 원도심 탐구를 시작한 이유다. 내가 있는 대학은 원도심에서 가까운데 도시의 주요 기관과 상권이 신도시로 빠져나가 활력을 잃은 곳이다. 하지만 시간과 역사가 축적되어 이야기가 쌓여 있고 기록으로 남길 만한 콘텐츠가 풍부했다. 학생들과 골목을 누비며 주민들과 이야기하고 기억을 채집하여 잡지를 만들고 전시도 했다. 이런 작업을 눈여겨보던 대전의 빵집 성심당에서 후원을 제안했다. 이렇게 '오! 대전' 프로젝트가 시작된 것이다. 우리는 결국 대전으로 이사까지 하게 됐다.

이유출판도 '오! 대전'에 이끌려 대전으로 오게 된 셈이다. 하지만 우리는 특정 지역에 매이는 성향이 아니었고, '지역 출판사'라는 틀에 갇히고 싶지도 않았다. '우리가 있는 곳이 세상의 한복판이며 출판이야말로 이런 생각을 가장 잘 드러낼 수 있다'라는 생각으로 작업하고 있었다. 그런데 '어딘가에는 @ 있다' 시리즈를 낸 후 조금 다른 경험을 하게 됐다. 우선 책을 대하는 사람들의 반응에 놀랐다. "내 이웃의 이야기로 내가 기억하는 장소를 배경으로 책을 내줘서 고맙다"고 했다. 저자는 물론 인터뷰한 이들도 모두 아는 사람이라며 친근감을 표했다. 책의 주인공인 철공 장인들은 책을 받아 들고 "가족들이 내가 이렇게 산 줄 몰랐다며 책을 읽고 울었다"라고 말했다. 처음 듣는 서점에서 5종 세트를 바로 주문하고는 "한번 찾아오면 좋겠다"라고 했다. 대전의 출판사여서 반갑다는 뜻이었다. 북 토크에 참석한 청년 문화활동가들은 자기들도 대전의 콘텐츠로 잡지를 만들었지만 지지부진했는데 이 책을 보고 다시 용기를 얻었다고 했다. 대전에서 20년 넘게 이어온 독서 모임에선 함께하자며 초대하기도 했다. 사무실에서 책만 만들던 우리도 태도를 바꿔야겠다는 생각이 들었다. 모니터만 쳐다보다가 얼떨결에 현장으로 불려 나간 기분이었다.

처음에 대전으로 옮겨 왔을 때도 이유출판의 주소는 옮기지 않았다. 혹시 저자들이 지역 출판사에서 책을 내지 않으려고 할까 봐 우려됐기 때문이다. 그런데 지금은 주소지와 상관없이 우리와 결이 맞으면 저자들이 찾아온다. 출판은 어디서 하느냐보다 어떤 책을 내느냐가 더 중요하다는 것을 알게 됐다. 이 시리즈를 기획하던 중 네 출판사가 지역 출판에 대해 확신을 갖지 못하고 머뭇거릴 때, 정은영 대표가 들려준 얘기가 있다. "오키나와에 갈 일이 있었는데 거기서 출판사들과 미팅을 하다가 충격을 받았어요. 초판을 내면 1,000부를 오키나와 지역 서점에서 소진해준다는 거예요. 오키나와는 본토와 문화가 다르니까 오키나와 출판사들이 낸 책은 자기들이 사주지 않으면 안 된다는 연대 의식이 있다고 해요. 그래서 오키나와에 관한 책을 계속 낼 수가 있다고요. 오키나와 시민들은 열독률도 높고 북클럽도 많고 자기네 역사를 잃어버리지 않으려고 한다는 거예요. 부럽더라고요." 이 말이 우리에게 구체적인 실마리가 됐다. 어디든 출판이 살아남으려면 그곳의 서점과 공생하고 지역 커뮤니티와 밀착해야 한다는 점을 새기게 됐다.

일상에 가려진 시공간의 흔적을 찾는 과정

'어딘가에는 @ 있다' 시리즈가 나왔을 때, 전국의 서점들이 큰 힘을 보태주었다. 책을 입고하기만 한 게 아니라 북 토크를 같이 기획하고 주민들과 만남의 자리도 마련해주었다. 출판을 계속 이어가려면 동네 서점과의 공생이 중요하다는 사실을 확인했다. 같은 생활권 안에서 오래 경험을 나누며 살아온 사람들의 기억이 겹쳐지기 때문일 것이다. 서점은 이런 기억을 나누고 생각과 경험을 흐르게 하는 거점 공간이다. 그래서 '어딘가에는 @ 있다' 시리즈를 소개할 때 전국의 동네 책방에 먼저 내보낸 것도 이런 이유 때문이었다. 굿즈도 지역 서점에 초점을 맞춰서 만들었고, 북 토크도 출간 전에 같이 의논해 사전에 기획했다. 그런 덕분에 각 지역 책방들이 더 열성적으로 소개해주고 SNS를 통해 열렬히 홍보 이미지를 퍼 나르며 분위기를 달궈주었다.

지역 콘텐츠로 출판 기획을 하니 이런 재미도 있다. 예컨대 책을 만들다가 내용이 부족하면 그 길로 달려가 보완할 수 있다. 사진이 아쉬우면 현장에서 다시 찍을 수도 있고, 내용이 미심쩍으면 바로 찾아가 확인할 수 있다. 이게 우리의 이점이자 강점이기도 하다. 물론 어려운 점도 있다. 필자 발굴이 그중 하나인데, 서로 너무 잘 알고 있어서 선뜻 나서 기를 꺼린다. 책이 나오면 누군가가 자칫 상처받을 수도 있 다며 주변을 살핀다. 필자층이 얕은 점도 아쉬운 부분이다. 이 시리즈를 계속 이어가려다 보니 이런 어려움이 느껴진 다. 그렇지만 이것도 우리가 감당해야 할 몫이다. 그래서 이 시리즈에서 우리는 가능하면 대전의 젊은 작가들에게 기회 를 주려고 한다. 그러다 보면 이들이 지역에서 집필 활동을 할 기회가 늘어나고 필자로서 발판을 만들 수 있을 것이다.

이 시리즈를 통해 우리가 펼치는 지역 출판 기획은 이 제 막 시작이지만, 길게 보고 주변 커뮤니티와 연대하면 자 리를 잡을 수 있겠다는 희망을 보았다. 이제 신간이 나오면 동네 책방에 들고 가서 소개하고 함께 이벤트를 기획한다. 서점에서 먼저 제안해 전시를 열기도 했다. 그러면서 동네 커뮤니티와 밀접한 관계도 유지하게 됐다. 이제 우리는 어 느 곳을 방문하든지 서점을 먼저 찾곤 한다. 서점의 책꽂이 를 살피는 일이 그곳의 역사와 이야기를 살피는 것처럼 느 껴지기 때문이다.

우리는 대전의 콘텐츠를 발굴해 시리즈를 내면서 서울 의 문화적 쏠림 현상은 그다지 의식하지 않는다. 우리의 관 심은 대전이 가진 고유함을 살피고, 일상에 가려진 시공간의 흔적을 찾는 과정에서 작은 힘이라도 보태려는 데 있다. 그렇다고 글로벌 이슈나 원론적인 담론에 대한 관심이 흐려지는 건 아니다. 서울이든 어디든 모든 지역은 고유한 역사와 문화가 있는데, 그걸 발굴하는 주체가 해당 지역의 출판사라면 더 좋겠다는 것이다. 덮어놓고 출판의 의미만 앞세울 순 없으나 적어도 특정 지역에서 책을 내고 있다면, 우선 그곳의 이야기에 귀를 기울이는 게 당연하지 않을까. 책을 출판하는 일은 일차적으로 우리가 사는 장소와 시간을 제대로 응시하기 위한 작업이다. 게다가 특정 지역을 다루는 책은 더 말할 필요가 없을 것이다.

Part 3

로컬×콘텐츠

LOCAL
LIFE
TREND

뉴 웨이브,
로컬이라는 물결

김경희 소설가 · 방송 다큐멘터리 작가

돌이켜보면, 한 달에 한 번꼴로 사는 곳을 떠나 로컬을 찾아 가는 편이다. 나의 생활권인 서울 및 수도권을 떠나 각 지방 으로 취재 갈 일이 잦은데, 거기서 살아가는 사람들과 문화 유산, 역사, 로컬 음식 등에 얽힌 이야기를 모아서 다큐멘터 리를 기획하고 풀어내는 것이 내 직업이기 때문이다. 로컬 이라는 테마가 시대의 화두가 된 요즘이지만 사실 나는 꽤 오래전부터 로컬 문화에 관심이 많았다. 서울이 고향이라 뼛속까지 도시 사람인 나의 안테나는 왜 로컬로 향하게 됐 을까? 결론부터 말하자면 로컬이 가진 미묘한 매력이 무궁 무진하기 때문이다.

 강릉에서 커피를 마시고 양양으로 넘어가 서핑을 하거

나 하동에서 녹차를 마시며 슬로 라이프를 누리는 일상, K-불꽃놀이라 불리는 함안 낙화놀이에 수만 명이 인산인해를 이루며 몰려드는 것, 우리나라에서 가장 길다는 낙동강이 휘감은 고택 마을에서 산지의 식재료로 내는 조식을 먹는 것쯤은 이제 놀랄 일도 아닌 시대다. 지역과 지역의 경계가 무너지고 도시에서 로컬로 시야를 넓혀가는 새로운 시대에 돌입했다고나 할까? 지역성을 띠면 촌스러운 것으로 치부하거나 다소 진부하다고 여기던 때가 있었지만 이제 로컬이라는 테마는 경쟁력 그 자체다. 중요한 결정은 중앙central에서 하고 로컬은 따라가는 것을 정석으로 여기던 기성세대에게 '무슨 소리야? 촌스러운 건 당신들이지'라고 일침을 날리는 젊은 세대의 경고처럼 말이다. 바야흐로 지금, 한국은 로컬 전성시대다.

더 나은 삶의 욕구를 실현하는 곳

'로컬'이라는 주제로 이 책의 원고 청탁 전화를 받았을 때, 나는 보름간의 미국 출장을 떠나려고 공항에서 환전하던 중이었다. 다큐멘터리 기획 일을 하면서 해외로 나갈 기회가 종종 있는 편이지만, 미국은 처음이었다. 떠남은 늘 설레지만 이번 출장은 유독 기대가 됐는데 이유는 단 한 가지다.

미국 서부인 캘리포니아 지역에서 시작해 동부에 속하는 뉴욕으로 이어지는 보름간의 여정 동안 다양한 로컬 문화를 엿볼 수 있겠다는 기대감 때문이었다.

워낙 거대한 땅덩어리를 가진 미국은 50개 주가 각각의 고유한 문화와 맛, 특색을 가진 로컬 문화가 존재하는 나라다. 유럽에서 넘어온 이민자들이 세운 나라인 미국은 지역마다 다른 문화적 다양성을 지니는데, 바로 그러한 점이 미국을 더욱 풍요롭게 만들었다. 특히 북서부에 위치한 포틀랜드는 1990년대 이후 세계의 로컬 경제 운동을 주도한 도시이자 로컬 문화의 성지가 된 곳이 아니던가? 로컬 브랜드 신scene이 활기차고 다양하며, 도시의 독특한 문화와 가치를 반영한 많은 브랜드를 보유한 곳이 바로 포틀랜드다. 실제로 로컬 문화가 주목받기 시작한 것은 세계가 탈산업화에 직면하면서부터다. 탈산업사회에서는 무엇보다 '다름'이 중요하다. 그 다름을 표현하기에 지역성, 즉 로컬만큼 강력한 개성을 가진 콘텐츠가 또 있을까? 매력이 권력이자 곧 자본이 되는 미국 사회가 그걸 놓칠 리 없다.

우리나라도 비슷한 상황이다. 미묘하고도 매력적인 한국의 로컬 문화가 새로움을 갈망하는 이들에게 영감을 주며 재탄생하고 있기 때문이다. 로컬 빵집이 대기업 프랜차이즈 빵집의 매출을 넘어서는 시대, 글로벌 프랜차이즈 카페가 아닌 고유한 감성과 특색을 지닌 로컬 카페가 젊은 세대의 네트워크 장소가 되는 건 너무나 당연한 일이다. 기성세대와 청년세대의 중간에 끼어 있는 나는 그들이 자기만의 생활 양식을 실현할 장소로 로컬을 선호하는 것에 전적으로 동의한다. 그런 생각의 배경에는 더 나은 삶에 대한 욕구가 자리하고 있다. 내가 로컬에 본격적으로 관심을 가지게 된 것도 같은 이유인데, 대략 2009년 무렵이었다.

당시 나는 생활권인 서울을 완전히 떠날 용기까지는 없지만 그렇다고 도시에 얽매여 살아가고 싶지도 않았다. 시간에 쫓기고 사람에 치이며 이리저리 방황하던 그즈음 알고 지내던 PD로부터 전화 한 통이 걸려 왔다. 그는 EBS〈세계테마기행〉, KBS〈걸어서 세계속으로〉 등 주로 여행 관련 다큐멘터리를 만드는 PD였다. 알고 지낸 10여 년 동안 한 달 이상 국내에 머무는 것을 본 적이 없을 만큼 그는 떠나는 데 익숙한 사람이다. 여행 다큐멘터리 PD인 그의 눈에 아주 특별한 사람들이 들어온 모양인데, 전화를 걸어온 그의 첫 마디는 다음과 같았다.

"김 작가, 제주로 이민 가는 사람들이 있다는데 그들을 조명하는 프로그램을 만들면 어때요?"

"제주…… 이민이라고요?"

지금이야 흔하지만 도시를 떠나 바다 건너 제주로 이

주하는 사람들을 두고 '이민 간다'고 표현하던 시기가 있었다. 마침 팍팍한 일상에 치여 이게 사는 건가 싶은 생각이 들던 차에 잿빛 도시를 떠나 푸른 제주로 날아갈 수 있다니! 나로서는 귀가 솔깃하지 않을 수 없었다. 게다가 남들과 똑같은 삶이 아닌 다른 삶을 찾아서 바다를 건너가는 사람들이라니, 궁금하지 않을 수 없었다. 다큐멘터리 기획은 종종 그렇게 시작된다. 개인적인 호기심이야말로 가장 중요한 동기부여가 되니까.

기획안을 뽑아내자마자 제작진은 단숨에 제주로 날아갔다. 기획부터 실행에 옮기기까지 한 달도 채 걸리지 않았는데, 방송은 무엇보다 시의성이 중요하기 때문이다. 그렇게 번갯불에 콩 볶아 먹듯 서둘러 날아간 제주에서 나는 적잖이 충격을 받았다. 범상치 않은 사람들이 하나둘 제주에 모여 자기만의 생활 양식을 만들어가는 모습을 목격했기 때문이다. 제주라는 지역은 그들을 품기에 충분히 매력적인 곳이었다. '아! 이렇게 살아도 괜찮은 거구나!'

그때 만난 사람들의 면면은 대개 이러했다. 서울에서 제주로 내려가 로컬 잡지를 만들기 시작한 사람, 돌담의 풍경을 기록하는 사진작가, 제주의 특산물로 요리하는 자연주의 셰프, IT회사를 그만두고 커피를 내리기 시작한 바리스타, 만화가 등 다양한 사람이 제주라는 로컬에서 영감을 주고받으며 살아가고 있었다. 개성 강한 그들의 남다른 생활 양식은 얼마 후 KBS 〈수요기획〉이라는 프로그램을 통해 '제주에 살어리랏다'라는 제목의 다큐멘터리로 방송됐다. 지금은 다시 제주를 떠나려는 사람들이 늘어나는 추세지만 당시에는 획일적인 삶에 대한 화두를 던지며 신선하다는 평을 받았고, 이후 동명의 다큐멘터리 에세이로 출간되기도 했다. 그때 절절히 체감한 것이 있다. '역시 좋은 아이템은 다 로컬에 있구나!'

로컬, 여행, 소설

이후 나의 관심은 자연스럽게 로컬로 향했다. 로컬이 가진 문화의 힘이 얼마나 강력한지 직접 경험했기 때문이다. 제주에서 시작된 로컬 문화를 향한 애정은 곧바로 강원도 양양의 서핑족들에 대한 관심으로 이어졌다. 역시 10여 년 전이니 강원도에서 서핑을 하는 건 상상도 하기 힘든 시기였다. 이번에도 같은 PD와 함께 EBS 〈하나뿐인 지구〉라는 프로그램에서 '파도가 치면 서핑을'이라는 제목의 다큐멘터리를 기획했고, 파도에 올라타기 위해 로컬로 거주지를 옮긴 사람들과 로컬 문화를 조명하는 프로그램을 만들었다. 그 일로 PD는 서핑을 배우기 시작했고 지금도 종종 차를 몰고 양양으로 달려가 파도에 올라타는 것을 즐긴다고 한다. 로컬이라는 테마가 한 사람의 인생을 바꿔놓은 사례다.

흥미로운 사실은 서퍼가 된 그 PD가 그즈음 출판이라는 파도에도 올라탔다는 것이다. 출판사를 겸업한다면 당연히 인문이나 사회과학 서적이 아닐까 했는데 그가 펴내려는 책은 엉뚱하게도 픽션, 소설이었다. 다큐멘터리 PD가 소설을 전문으로 하는 출판사를 하겠다고? 그때까지만 해도 나는 그가 정말로 출판사를 차릴 거라고 생각하지 않았다. 잠깐의 지적인 호기심, 혹은 겉멋이겠거니 했다. 그런데 얼마후 그는 '아르띠잔'이라는 이름의 출판사를 시작하며 또 한번 나를 의아하게 만들었다.

"김 작가, '누벨바그'라는 여행 소설 시리즈를 론칭하려고 해요. 어떻게 생각하세요?"

"누벨…… 바그라고요?"

'누벨바그'는 새로운 물결New Wave이란 뜻으로, 1950년대 후반에 시작되어 1962년 무렵 절정에 이른 프랑스의 영화 운동으로 알려져 있다. 기존 문학판에 새로운 물결을 더하고 싶다는 바람이 담긴 듯한데, 그건 아르띠잔이라는 출판사 이름만 들어도 짐작이 가능한 부분이다. 방송 다큐멘터리 작업을 겸하는 출판사 아르띠잔Artizan은 파르띠잔Partizan에 Art의 'A'를 합친 말로 '예술의 가치를 지키는 잔당들'

이라는 의미다. 예술의 가치를 지키는 잔당들이 만드는 새로운 물결이라니! 힘을 보태지 않을 수 없지 아니한가? 그렇게 우여곡절 끝에 탄생한 아르띠잔의 '누벨바그' 시리즈는 『소설 제주』를 시작으로 『소설 도쿄』, 『소설 뉴욕』, 『소설 부산』, 『소설 목포』까지 출간되며 다섯 곳의 도시로 여행을 떠났다. 특히 『소설 목포』는 예향의 도시 목포에서 열린 2023 목포문학박람회와 함께했는데, 작은 출판사로서는 시도하기 힘든 다채로운 경험을 할 수 있었다. 목포문학관의 메인 전시장에 갓 출간한 책을 전시함과 동시에 박람회 한 달 전부터 광화문 교보문고에서 사전 홍보를 했고, 참여 작가들과 목포 앞바다에서 선상 북 토크를 열어 독자와 소통할 기회를 가졌다.

로컬과 여행이라는 테마, 그리고 소설이라는 이 신선한 조합은 참여 작가들의 작업에도 작은 설렘을 안겨주었다. 『소설 목포』를 출간하고 선상 북 토크를 하기 위해 목포에 하나둘 모인 작가들은 다음 책으로 『소설 양양』이 어떨지, 혹은 경북 안동에서의 '소주 기행'을 묶어 내면 어떨지 등 농담 반 진담 반 유쾌한 이야기를 이어갔다.

픽션과 논픽션 사이에서 계속되는 로컬 항해

이쯤 되면 다음 도시가 궁금하지 않을 수 없을 텐데, 살짝 귀띔하자면 여섯 번째 책의 배경은 브라질 최대 도시 '상파울루'다. 남쪽으로는 대서양에 면해 있고 내륙은 커피의 주요 생산지로 알려진 정열의 도시 상파울루. 그곳에서 우리는 어떤 사람들과 어떤 이야기를 나누며 공명할 수 있을까? 이 시리즈가 계속되어야 할 이유는 바로 그 지점이다. 현지인의 범위와 개념이 흐려진 시대, 이제 누구든 어디로든 떠날 수 있고 그 지역의 문화와 콘텐츠를 온몸으로 느낄 수 있다. 코로나19 팬데믹을 거치며 우리는 모두 '떠남'이 얼마나 소중한지 절절히 경험했다. 도시와 로컬, 세계와 세계 사이의 경계를 허물고 떠남과 돌아옴을 반복하는 여정. 삶이란 정녕 그래야만 하는 것이 아닐까? 시리즈의 네 번째 책 『소설 부산』이 출간됐을 때 출판사 대표이자 여행 다큐멘터리 PD인 그는 기획의 말을 이렇게 적었다.

"누벨바그 시리즈를 통해 지구촌 어디에선가 지금도 열심히 글을 쓰고 있는 작가를 소개하고, 또한 연결할 수 있었다는 데 많은 자부심을 느낍니다. 10년 뒤 누벨바그 시리즈가 지금처럼 계속된다면 참여했던 전 세계 작가들만 모여도 꽤 많은 숫자가 되겠죠."

세계의 도시를 배경으로 한 테마 소설 '누벨바그' 시리즈는 제주, 목포, 부산, 뉴욕, 도쿄 등 국내외 도시와 로컬 고유의 향취를 담는 항해를 이어가고 있다. 처음 제주로 향할 때 우리는 언제 터질지 모르는 풍선을 가슴에 품고 살아가는 도시인들이 자기 내면을 들여다볼 수 있길 바라며 여행 짐을 꾸렸다. 그리고 그 여정은 지금도 현재 진행형이다. 혹자는 다큐멘터리 제작사가 왜 소설책을 만드는지 고개를 갸웃하곤 한다. 하지만 픽션과 논픽션은 굉장히 다른 것 같지만 어찌 보면 차이가 없는 게 아닐까? 우리가 살아가는 현실은 때론 소설보다 더 소설 같고, 소설은 현실보다 더 현실적이니까.

공항에서 출판사로부터 전화를 받았을 때 나는 금세 원고를 전송할 수 있을 줄 알았다. 그런데 출장지 상황과 일정이 꼬이면서 급기야 돌아오는 비행기에서 원고를 쓰기 시작했다. 늘 가슴이 조마조마하고 철렁한 인생이지만 누구를 탓하겠나. 내가 선택한 일인데. 기류가 불안정해 흔들리는 비행기에 앉아서 지난 2주의 시간을 떠올려봤다. 인천에서 열두 시간을 꼬박 날아 도착한 캘리포니아의 오래된 도시, 샌프란시스코가 가장 먼저 떠오른다. 비행기에서 나름 다짐한 것들이 있다. 반드시 이곳만의 로컬 커피를 마셔볼 것, 부둣가에 가서 클램차우더를 맛보고 이탈리아 이민자 출신인

프란시스 포드 코폴라 감독이 영화 〈대부〉 시나리오를 완성했다는 로컬 바bar에 들러 와인 한 잔을 마셔볼 것. 이처럼 로컬의 오래된 이야기는 꾸준히 새로운 이들에게 전해진다. 사람과 공간, 음식과 이야기로 출렁이는 로컬이라는 물결 위에서.

새로운 연대를 만드는
99개의 지역 아카이빙

전정미 | 삐약삐약북스 대표

삐약삐약북스는 전북 군산을 기반으로 활동하는 독립만화 출판사다. 2019년부터 지역을 주제로 하는 만화 시리즈 '지역의 사생활 99'를 발간했고, 최근에는 한국 음악 신scene을 아카이빙하는 만화 프로젝트 '음악의 사생활 99'를 제작하고 있다.

삐약삐약북스는 1인 출판사는 아니지만 한 명 같은 두 명의 부부 만화가가 운영하는 2인 출판사다. 거의 1인 출판사에 가깝다고 보면 된다. 육아를 둘이서 번갈아 하고 있기 때문이다. 한 사람이 육아를 하는 동안 다른 사람이 일을 한다. 1인분의 시간을 둘이서 나눠 쓰는 셈이다.

결혼하고 아이를 낳기 전인 2000년대에는 수도권에

서 고시원과 월셋집을 전전하며 살았다. 수도권에 거주해야 만화가 데뷔에 유리했기 때문이다. 2010년대에는 만화가로 데뷔했지만 작가 활동을 위해 꼭 수도권에 거주할 필요가 없어졌다. 대부분의 만화 작업이 디지털로 전환되면서 이메일과 웹하드로 원고를 보낼 수 있게 됐기 때문이다.

1부: '지역의 사생활 99'를 제작하게 된 계기

우리는 인파가 넘치고 공간이 부족한 수도권에서 벗어나고 싶은 마음에 2011년에 충북 단양군으로 이사했다. 수도권에서는 창문이 없는 17만 원짜리 고시원이나, 주방과 샤워 시설이 함께 있고 방 한구석에 변기가 있는 이상한 방에서 월세 30만 원을 내고 살았지만 단양에서는 남한강이 보이는 15평 주공아파트를 월세 15만 원(전세로는 1,800만 원)을 내고 살 수 있었다. 풍경이 아름답고 사람이 많지 않다는 점도 마음에 들었다. 더 이상 지하철에서 사람들과 어깨를 부딪치며 살지 않아도 됐다.

하지만 우리가 살게 된 단양은 수도권이 아닌, 인구 3만 명의 작은 지역이었기에 감수해야 하는 불편함이 있었다. 뉴스는 매일매일 서울 이야기를 가장 먼저, 많은 분량으로 다루고 나서야 지역의 이야기를 들려주었고, 드라마나 웹툰 등 문화 콘텐츠의 배경은 주로 서울을 비추고 있었다. 아이를 임신하고 나서야 이곳에 산부인과도, 소아과도 없음을 알게 됐다. 응급실은 폐원되어서 단양으로 놀러 왔던 친구가 갑자기 맹장이 터졌을 때, 옆 도시 제천에서 1시간 30분 동안 빈 병상이 있는 병원을 찾아 돌아다녀야 했다. 자칫하면 죽을 수도 있었다는 소리에 삶의 터를 다시금 고민해야 했다.

'지역의 사생활 99'의 앞부분에는 각 지역의 특징을 설명하는 챕터가 있는데, 여기에 꼭 해당 지역 응급실 수에 관한 정보를 넣게 된 것도 이런 기억 때문이다. 응급실 유무가 지역의 발전을 가늠하는 척도가 될 수 있으면서도 지역민이 거주하거나 떠나가는 이유가 될 수도 있다(참고로 우리가 거주했던 충북 단양에는 2024년 6월, 9년만에 다시 응급실이 한 곳 생겼고, 서울은 2024년 8월 기준 69개의 응급실을 운영 중이다).

우리는 태어날 아이를 위해 산부인과, 소아과가 있고 응급실도 무려 두 개나 있는 인구 20만 명이 사는 전북 군산으로 이동하여 다시금 터를 잡았다. 군산으로 건너간 2016년쯤에는 전국에 독립출판과 독립서점 열풍이 불고 있었고, 2018년에 군산에도 독립서점 '마리서사'가 문을 열었다. 대형 서점과 다른 서적 큐레이팅이 인상적이었을뿐만 아니라, 지역(군산) 관련 책과 굿즈도 찾아볼 수 있었다. 공

간도 아름다웠다. 그렇게 홀린 듯 독립서점에 자주 방문하
게 됐다.

　2019년에는 직접 우리의 만화책을 제작하고 싶어서
'출판사'라는 창업 아이템으로 군산시가 모집했던 청년창업
희망키움 지원사업에 응모했다. 계속 만화가로만 활동해왔
기에 창업 지원을 신청하면서 한편으로는 부담도 됐고, 떨
어지기도 바랐다. 결국 지원 사업에 덜컥 선정되며 삐약삐
약북스를 창업하게 됐지만, 우리가 생각한 대로 흘러가지
는 않았다. 원래는 지원금을 우리의 만화책 제작을 위한 원
고료로 사용하려 했는데, 알고 보니 우리 통장에 꽂히면 횡
령이 되는 성격의 지원금이었다. 애초에 포커스가 빗나갔다.
그럼에도 지원금을 포기하기에는 미련이 남았다.

　수도권을 떠나 지역에 산 지 어언 7년. 당시 우리는 '지
역'이라는 주제를 생각하면서 서로 많은 대화를 주고받았는
데, 이렇게 된 김에 지원금으로 지역의 만화책을 제작해보
기로 했다. 하지만 삐약삐약북스의 작가는 겨우 두 명. 매년
지역 두 곳을 주제로 두 권의 만화책을 만들면 10년이 지나
야 겨우 스무 지역을 다루게 되는 셈이었다. 한국의 자치구
와 행정구는 100곳이 넘는다.

　두 명으로는 안 된다. 그럼 아홉 명의 작가가 매년 아홉
권씩 아홉 개 지역을 만화책으로 다뤄보면 어떨까. 그 결과

물이 '지역의 사생활 99'다. 일을 벌이는 김에 모험을 해보고 싶었다. 하지만 지원금만으로는 부족했기에 중소벤처기업진흥공단에서 대출받아 계약금을 확보한 후 평소에 같이 작업하고 싶었던 작가들에게 연락했고, 그 과정에서 협업을 넘어선 어떤 시너지가 발생했다. 덕분에 한국만화영상진흥원의 다양성만화 제작지원 사업에도 선정됐고. 텀블벅 크라우드 펀딩을 통해 추가 고료와 제작비를 마련했다.

2021년에 오늘의 우리만화 문화체육관광부 장관상과 한국만화가협회장상, 2022년에는 문화체육관광부 K-RIBBON SELECTION 콘텐츠분야 우수문화상품으로 지정되는 등 작가 개인으로서는 정말 받기 어려운 상들도 받고, 일하는 영역 또한 넓어졌다. 로컬에 관심을 가진 다양한 곳에서 강의나 협업 문의가 오기도 하고, 최근에는 난생처음으로 북 토크 진행을 맡기도 했다. 멋진 공간인 문화역서울284에서 동경하던 로컬 매거진 〈아는동네〉를 펴내는 어반플레이와 협력 전시를 하기도 했고, 예전에는 원고 청탁을 받을 거라고는 상상도 못 했는데 〈기획회의〉에 로컬을 주제로 글을 쓰는 기회도 얻게 됐다. 뭐랄까, 삶이 더 다채로워진 느낌이다.

2부: '지역의 사생활 99' 서적에 관해

'지역의 사생활 99'는 처음부터 독립서점 판매를 염두에 두었기 때문에 예쁘고 들고 다니기 편한 책으로 기획했다. 지역 독립서점의 매대를 관찰해보니 '아름답고 얇은 책'에 대한 수요가 있는 것 같았다. 독립서점 에디션은 책이 작은 경우가 많다. 책이 무거우면 사서 들고 다니기 힘드니까. 그래서 110쪽을 기본으로, 여행하면서 가볍게 읽을 수 있게 만들었다.

삐약삐약북스의 두 대표 모두 만화가로서 10년 이상 활동하다 보니 다른 만화가들의 작업에 관심이 많은 편이다. 그렇게 삐약삐약북스 섭외 희망 작가 리스트가 극비리에 작성되고 있으며, 두 대표의 의견 일치를 통해 작가를 섭외하므로 피 터지는 공방전을 벌일 때도 있다.

먼저 그간 좋아했던 작가의 인터뷰나 뉴스를 열심히 찾아본다. 서울이 아닌 지역에 연고가 있는지도 살펴야 하는데, 몇 날 며칠을 확인하다 결국 수도권임을 알고 아쉽지만 마음을 접은 작가도 있었고, 작가의 영상 속 유창한 사투리를 듣고 바로 섭외 리스트에 이름을 올린 적도 있었다. '지역의 사생활 99'에 참여한 작가가 다른 지역의 작가를 소개해주기도 했다. 지역과 작가를 애정하고 더 알려지길 바라

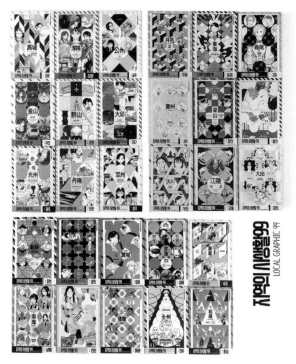

2024년까지 발행된 '지역의 사생활 99' 시즌 1, 2, 3 서적들.

는 마음에서 나타나는 연대감이라고 생각한다.

'지역의 사생활 99' 만화의 조건은 단 세 가지다. 첫째, 지역의 랜드마크를 등장시킬 것. 둘째, 지역의 대표 음식을 등장시킬 것. 마지막으로 흑백 만화일 것. 나머지는 작가의 자유에 맡긴다. 우리도 만화가이다 보니 참여 작가의 자율성을 존중하며 그들이 재밌어 할 프로젝트를 만들고 싶었다. 한 지역의 대표로 만화를 만드는 일은 작가에게도 매력적인 작업이 되리라 생각했다.

흑백 만화책을 고수하는 이유는 어릴 때부터 흑백 만화를 보고 자란 세대인지라 굳이 우리까지 나서서 컬러 만화를 그려야 하는 이유가 있을까 싶었고, 모두가 컬러 만화를 그리는 이 시대에 흑백 만화를 그리는 일이 의미가 있다고 생각해서다. 작업 시간이 조금이나마 줄기도 하고, 게다가 인쇄비가 저렴하다는 장점도 있다. 그리고 가능하다면 흑백 만화 출판사의 정체성을 갖고 싶은 욕심도 있다. 정체성은 갖고 싶다고 가질 수 있는 것이 아니라 남들의 인정 또한 필요한데, 운 좋게도 삐약삐약북스를 그렇게 봐주니 더욱 안 할 이유가 없을 듯하다. 다만 이러한 정체성은 출판 만화로서의 장점이고, 웹 시장으로 갔을 때는 또 이야기가 달라지기 때문에 무조건 컬러 만화를 배제하고 있지는 않다.

서적 내 부록에서는 주인공이 작품 내에서 이동한 동선을 통해 지역의 가볼 만한 곳을 소개한다. 이야기에는 힘이 있다고 믿는다. 만화를 보는 독자들이 그 루트를 따라 지역을 여행하는 모습을 기대했다.

그런데 정말로 그렇게 여행하고 SNS에 후기를 올리는 독자들이 있었다. 여행 후기를 종종 찾아볼 수 있어서 '여행

상품으로도 개발한다면 좋지 않을까?'라는 생각에 '지역의 사생활 99 만화 속으로!'와 같은 계획안을 써서 지원 사업에 응모해봤지만 1차는 붙고 2차에서 떨어졌다. 아직은 우리의 힘이 부족한가 보다.

3부: 지속 가능성

'지역의 사생활 99'는 시즌 3까지, 총 스물여덟 권의 만화책을 만든 뒤 잠깐 휴식기를 갖고 있다. 시즌 4에서는 이전 시즌과는 다르게 독자에게 더 다가가야 할지, 아니면 이대로 충분할지를 고민 중이다.

출판사 운영, 디자인, 편집 등 모든 걸 둘이서 하다 보니 힘들긴 하다. 그렇지만 소규모이기 때문에 계속 운영할 수 있다는 것은 오히려 좋은 점이다. '지역의 사생활 99' 프로젝트를 인생 프로젝트라고 생각한다. 프로젝트 이름 맨 끝에 있는 99라는 숫자에는 99권까지 다양한 지역 만화를 만들면 좋겠다는 소망이 담겨 있다. 매년 아홉 권씩 11년이면 99개 지역을 만화로 다룰 수 있다. 이대로 꾸준히 할 수 있다면 한 50세쯤에는 시리즈가 완성되어 있지 않을까? 주변의 동료 작가들도 '삐약삐약북스가 열한 살이 되면 좋겠다'고 종종 말해준다. 그러면 이렇게 답한다. "그럼 작가님도 나이 들어 있겠네요?" 그렇게 서로의 나이 든 모습을 떠올려 볼 수 있는 재미있는 프로젝트이기도 하다. 우리는 이 프로젝트의 지속 가능성에 큰 의미를 두고 있다. 프로젝트를 통해 지역 아카이빙을 할 수 있어, 시간이 지남에 따라 더 의미가 깊어지리라.

초창기 로컬 출판물은 여행 명소, 맛집, 사진 찍기 좋은 곳을 주로 소개했지만, 요즘에는 더욱 다양한 시각으로 지역을 다루는 듯하다. 그간 인상 깊게 본 로컬 출판물 중 하나는 2021년, 우리와 같은 지역에 있는 우만컴퍼니가 출간한 『우만플러그 군산』이다. 페미니즘과 군산을 잇는 신선한 시각이 돋보였다. 그리고 2023년, 대구의 사월의눈에서 출간한 『대구는 거대한 못이었다』도 소개하고 싶다. '그 어떤 지역도 하나의 이미지로 고정될 수 없다'는 공감되는 이야기로 시작하는 '리듬총서' 시리즈의 첫 책으로 얇디얇은 페이지마다 대구에서 '발견된 장면'들이 세심하게 고려된 디자인과 함께 수록되어 있어 탄성이 절로 나온다.

또한 출판물을 넘어 생활에 밀접한 SNS나 뉴스레터, 유튜브 등을 통해 예전보다 지역의 이야기를 더욱 가까이 느낄 수 있게 됐는데, 2023년 원주 아카데미극장 철거 과정에서 많은 사람이 내 지역 일처럼 가슴 아파하며 시민운동을 하는 이들과 함께 연대하던 모습을 기억한다. 거리가 멀어도 어떤 지역이나 장소에 대한 애착이 생겨날 수 있고 그 지역을 위한 활동에 참여할 수 있음을 느낄 수 있었다.

　'지역의 사생활 99'가 화두로 삼은 '지역 소멸'은 너무나 무겁고 이견이 명확히 갈리는 이슈인지라, 일개의 프로젝트만으로 해결책을 제시하기란 어려울 것이다. 여러 사람의 노력과 관심, 새롭고 재미있거나 마음을 울리는 시도가 계속된다면 차차 가치와 의미가 생기리라고 본다. 우리가 하는 일 또한 이러한 원동력에 조금이나마 보탬이 되길 바라본다.

로컬 출판,
언제까지 존재할 수 있을까

희석 독립출판사 발코니 대표

경남 진주에서 독립출판사 발코니를 운영하고 있다. 이곳 진주에 이사 왔을 때 가장 놀랐던 건 '쇠막대'였다. 시청 옆 인도에는 쇠막대가 하나 꽂혀 있고, 그 위에 달린 동그란 원판은 이곳이 진주시청 시내버스 정류장임을 알리고 있었다. 부산과 서울에서만 생활해본 입장에선 생소했다. 아무리 작은 정류장이더라도 몇 번 버스가 도착하는 곳인지, 혹은 예상 도착 시각까지 얼마나 남았는지 간단하게라도 보여주던 그간의 '도시 경험'과 달랐다. 그런 디지털 안내창은 시청 정문 쪽 정류장으로 가야 볼 수 있었다. 나의 로컬 생활에 관한 이야기는 항상 쇠막대에서부터 시작한다.

　로컬의 시대가 열린 지 오래라고 한다. 이와 함께 로컬 출판도 흥하는 중이라고 한다. 정말로 그런가? 지역에서 먹고 자고 일하는 사람으로서는 먼 나라 이야기 같다. 당장 발코니출판사의 주소지를 이전할 때부터 그랬다. 출판사 신고증 주소를 수정하려 진주시청에 방문하자(진주시에는 구청이 없다), 출판사 신고증 자체를 처음 보는 직원과 함께 머리를 맞대야 했다. 사업자 등록증 주소를 수정하려 세무서에 전화했더니 한 중년 남성이 불가하다고 윽박질렀다. 출판사라면 책을 만드는 윤전기가 있을 텐데, 현재 주소지는 공단 주소지가 아니라서 말이 안 된다고 했다. 황당한 상태로 출판사 업무 처리 과정을 하나하나 설명하자 돌아온 대답은 예상 밖이었다. "그라믄 이거는 애초에 출판이 아니라 디자인 업종 아닌교? 어떻게 사업자 등록이 통과됐습니꺼?" 관련 법령을 길게 설명한 끝에 겨우 출판사로 인정받을 수 있었다. 로컬 출판의 현실이 이렇다.

비수도권 중 부산, 대구 등의 도시는 그나마 이 정도까지는 아닐 것이다. 나름 지역 출판 네트워크가 탄탄하고, 행정 기관도 얄팍하게나마 현실을 인식하고 있다. 하지만 그 외의 도시, 그러니까 서울이 식민지를 개척하듯 더욱 '로컬스러운 것'을 찾아 나설 때 목적지로 소비되는 도시들은 로컬 출판의 불모지다. 진주시 문화재단이 주관한 출판 교실이 최초로 열렸던 해가 2023년일 정도다. 출판은 물론이거

니와 독립출판이나 진$_{zine}$[*] 같은 청년 독자의 시선을 사로잡는 문화 콘텐츠는 꿈도 못 꾼다. 그래서 더욱 의문이다. 로컬의 시대? 로컬 출판의 부흥? 로컬 콘텐츠의 세계화? 다들 무슨 말을 하는 건지 신기하기만 하다.

어디서부터 무엇이 잘못된 걸까. 서울의 시혜적 시선이 문제인가, 로컬의 폐쇄성이 문제인가. 순서 없는 인과 관계 때문에 로컬 콘텐츠는 갈수록 지역민과 동떨어진 채 저 멀리 나아가고 있다. 로컬 출판의 모순도 비슷한 지점에서 발생한다.

주류가 원하는 로컬 환상

로컬이 왜 흥행하는지에 관한 분석은 차고 넘친다. 바라보는 방향에 따라 다르긴 하지만, 대체로 탈출에 목적을 두고 있다. 과밀한 인구, 소모적인 경쟁, 긴 노동 시간 등에서 멀어지고 싶은 욕망을 로컬에서 찾는다는 것이다. '지방러'를 자청하는 청년들을 미디어가 주목하고, 지방을 배경으로 하

[*] 페이지 수가 적고 책등이 없는 형태의 인쇄물을 뜻한다. 손으로 제본하는 방식부터 단 한 장으로 이루어진 것 등 형식에 구애받지 않는 점이 특징이다.

는 콘텐츠가 생산되면서 일종의 유토피아 이미지가 로컬에 입혀지고 있다. 하지만 실제 지역민 입장에서 느끼는 이 모든 로컬 담론은, 사실상 서울 공화국의 식민지화 작업에 가깝다.

식민지로서의 로컬은 다음과 같은 이미지로 구성돼 있다. 여유로운 생활 환경, 적당한 수익만 내도 괜찮은 사업장, 서퍼들이 거니는 거리, 언제나 친절히 반겨주는 독립서점이나 게스트 하우스, 야근과 주말 노동이 없는 일자리 등이다. 좋은 말로 유토피아지, 이건 허구에 가까운 회피처 역할을 로컬이 수행해야 하는 것과 같다. 지친 사람들을 따스하게 받아들여야 하는 곳, 경쟁에서 도망친 자들을 너그러이 수용하는 곳이야말로 '주류가 원하고 허락하는 로컬'이고, 그외의 현실은 로컬 담론에 끼지 못한다. 그렇다 보니 지역민이 느끼는 한계나 위기, 절망 등은 콘텐츠로서의 가치가 떨어진다. 가까운 예로 드라마 〈웰컴투 삼달리〉 속 제주도가 도서 지역의 고물가, 연세 단위의 임대료 관행, 비장애인 중심의 교통 환경 등을 제대로 드러내지 않은 것과 비슷한 맥락이다.

이에 로컬 출판의 방향도 어쩔 수 없이 지역 찬양 쪽으로 흘러야 정책적 지원을 받거나 미디어의 주목을 받을 수 있다. 진주시를 예로 들자면, 남강을 소재로 하거나 논개 설화를 콘텐츠화해야 로컬 콘텐츠로서 소비될 '기회'를 얻는 것이다. 진주시를 보기 좋은 그릇에 담지 않고 지역민이 현실적으로 느끼는 위기를 로컬 출판 형태로 만들 경우, 이를 지원할 곳은 마땅치 않다. 로컬 담론으로 다루기 불편한 이야기이기 때문이다. 현재 진주시는 남강과 논개의 도시라 부르기에는 절망에 가깝다. 지역민들은 이미 이곳을 '공무원 아니면 대학생'만 존재하는 도시로 인식한다. 공공 기관에 근무하는 사람이나 진주교육대학교, 경상대학교 등에 재학 중인 학생을 제외하면 그 밖의 직업군이 없다는 뜻이다. 지역 소멸을 눈앞에 두고 있으면서도 이걸 개선하려는 정치적 움직임도 약하다. 이러한 이야기를 로컬 담론에 올렸을 때 과연 남강과 논개 설화를 이겨낼 수 있을까? 주류가 허락한 아름다운 로컬 스토리는 이 이야기들에 자리를 내어주지 않는다. 진주시 외에도 많은 곳의 로컬 창작자가 같은 고민을 거듭하고 있을 것이다.

방문했을 때 보이는 것들이 있고, 살아야 보이는 것들이 있다. 그동안의 로컬 콘텐츠에는 이 둘이 혼합된 형태가 존재하긴 했으나, 어느 순간부터 전자가 로컬 콘텐츠의 전부인 것처럼 다뤄지고 있다. 개인적으로 그 구분선이 팬데믹이었다고 생각한다. 지역 간 이동이 봉쇄되고 소규모 네트워크가 해체된 몇 년 동안 로컬 콘텐츠는 팬데믹 이전에 그 지역을 방문했던 추억을 재구성하는 형태로 흘러가는 것 같았다. 사회적 거리 두기 완화와 함께 우리가 일상이라 부르던 것들이 돌아오자 로컬 콘텐츠, 로컬 출판 등은 방문자 시선으로 더 화려하게 채워졌다. 정확하게 말하자면 서울이 바라던 유토피아를 로컬에서 실현하고자 하는 욕구가 미디어로 완성되는 것이다. 앞으로도 '지역에 살아야 보이는 것들'은 로컬 콘텐츠에 담기 어렵지 않을까. 서퍼들이 여유롭게 거니는 도시, 게스트 하우스의 낭만, 저녁 거리를 밝히는 독립서점 불빛 등이 콘텐츠에 등장하지 않으면 '로컬'로 인정받기 힘들 것이다.

한편, 이제는 서울도 로컬 대상에 완벽히 포함됐다. 서울 속 덜 '서울스러운' 곳을 꼽으며 '로컬이라고 꼭 비수도권만 말하는 것은 아니다'라는 논리 속에 몇몇 장소를 서울형 로컬로 삼는다. 돌고 돌아 서울이다. 서울에서 찾을 수 없던 회피처로서의 모습을 지역에서 발굴하고, 발굴한 것들을 입맛에 맞게 잘 다듬은 후 다시 서울에 적용하는 일련의 과정을 보면서 지역민으로서 씁쓸했다. 어쨌든 서울의 굴레에서 벗어날 수 없는 것 아닌가. 부자들이 가난을 훔치는 시대가 도래했듯이, 로컬 문화도 서울의 것으로 환원되는 시대다. 여기에서 로컬 출판은 과연 무엇을 할 수 있을까.

확장성과 다양성을 막는 로컬 현장

다만 로컬 출판이 갈 곳을 잃은 건 비단 서울 중심의 시선 때문'만'은 아니다. 로컬의 자충수도 한몫한다. 외부가 현실 인식을 회피하고 있다면 현장에서 디테일을 살려야 할 텐데, 이마저도 실패하고 있다. 좋게 말하면 '지역 중심의 폐쇄적 네트워크'가, 솔직하게 말하자면 '끼리끼리 나누는 분위기'가 지방 정부 주도의 로컬 출판 지원책을 꽉 잡고 있기 때문이다. 다른 예술 분야와 마찬가지로 출판 콘텐츠 역시 지방 정부나 중앙 정부의 지원을 통해 더 크게 발전할 수 있다. 그러나 현재 지방 정부의 행정 습성은 지역 콘텐츠의 다양성과 확장성을 막아서고 있다.

이 책에서는 발코니출판사가 활동하는 진주시, 넓게는 경상남도를 중심으로 말할 수밖에 없겠지만, 이 문제들이 비단 진주나 경남만의 특별한 사례는 아닐 것이다. 실제로 울산, 경북 구미 등의 로컬 창작자들과 대화를 나눴을 때 비슷한 문제의식을 지니고 있다는 걸 확인했다.

우선 가장 큰 문제는 지방 정부가 '로컬 출판'에 무지하다는 점이다. 제도권 등단 작가만 출판할 수 있는 게 아니라는 사실을 지금은 대부분의 독자가 인식하고 있다. 독립 출판, 독립만화, 진, 프로젝트 간행물 등 로컬 출판의 형태는 빠르게 변화하고 있다. 이 속도를 행정 제도가 따라가지 못하는 탓에, 각종 출판 지원 사업의 자격 대상이나 지원 형태는 신진 로컬 창작자들의 활동 방향과 맞지 않는다. 쉽게 말해, 그럴싸한 형태의 무선 제본 책으로 만들어서 ISBN도 넣고 지원 기관의 로고를 간기면(판권면)이나 표지에 장식할 수 있는 형태여야만 지방 정부가 수용하는 로컬 출판인 것이다. 그렇다 보니 로컬 출판 지원 심사 결과는 매년 비슷한 업체나 협회로 채워지고 있다.

또 다른 문제는 '출판'과 '문학'을 전혀 다른 분야로 인식한다는 점이다. 지금은 각자의 출판사를 설립해 운영하는 로컬 창작자가 늘고 있다. 발코니출판사처럼 저자가 곧 출판사 대표인 경우가 많으며, 작가이자 대표자의 위치에서 여러 프로젝트를 시도하는 편이다. 이 흐름을 잘 모르는 지역의 공공 기관들은 '문학으로 창출하는 수익 활동'에 지극히 보수적이다. 경상남도와 진주시도 마찬가지다. 지원 분야가 '출판'이면 최종 완성된 책을 판매해도 되지만, '문학'이면 완성으로만 그쳐야 한다. 완성된 책이 서점에 유통되거나 수익이 창출되면 안 된다는 조건을 내걸고 있다.

발코니출판사도 이 점 때문에 지원 사업 금액 전액을 반납할 뻔하기도 했다. 지원 사업 공고에 '서점 판매 금지'가 명시돼 있지 않아서 출판 유통을 시작했는데, 추후 담당 공무원의 설명과 제지가 있었다. 지원 사업을 통해 생산된 로컬 콘텐츠를 지역 안에서만 맴돌게 만드는 꼴이다. 지역 보조금을 바탕으로 찍어낸 수십 권의 책을 지인 위주로만 나누고, 출간 이력을 프로필에 추가해 문인협회에 가입하거나 강연에 나서는 등의 방식은 너무나 지루하다. 그렇게 양성된 지역 작가들이 과연 로컬 출판을 활성화할 수 있을까?

그 밖에 지역 문인협회를 주축으로 이어져온 관행도 현재 일어나는 각종 로컬 출판 문제의 주요 원인이다. 누가 어떤 로컬 콘텐츠를 생산하는지 파악하는 데 게으른 행정 제도가 문인협회 문부터 두드리고 있다. 2023년에는 발코니출판사로 한 문인협회에서 전화를 걸어온 적도 있다. 시청 지원 사업을 자신이 소속된 협회가 받아서 시행할 것 같은데, 편집 디자인과 인쇄 견적을 내달라는 것이다. 최종 발표까지 2주나 남은 때였다. 아직 모집 진행 중인데 어떻게 확정됐느냐고 묻자 "담당 공무원들이 얼른 서류 준비해서 달라고 했으니 뭐 서로 편하게 가는 것 아니겠습니까?"라는 답변이 돌아왔다. 로컬 출판의 현실을 깔끔하게 요약해주는 듯했다.

사람 없이 로컬 출판도 없다

결국 오늘날 로컬 출판이 지역을 스토리 배경으로 쓰는 데 그치거나, 지역의 자랑거리를 조명하는 쪽에 편중된 이유는 로컬 외부의 얄팍한 해석, 로컬 내부의 안일함이 동시에 발생하고 있기 때문이다. 이런 상황이기에 특정 지역의 로컬 콘텐츠가 대대적으로 공개되어도 지역민들은 '저게 왜 우리 지역 이야기라는 거지?'라고 의문을 표할 수밖에 없다.

로컬 출판이 진정으로 지역 기반 콘텐츠를 담으려면 재현 방식을 바꿔야 한다. 로컬에 뭔가 대단한 보물이 있거나 성공 신화가 있는 것처럼 포장하는 일부터 그만두어야 한다. 지역이 겪고 있는 문제를 끌어내고, 이를 어떤 방식으로 현지화해서 풀어나갈지에 관한 담론을 형성해야 한다. 꼭 진지하고 무거운 방식일 필요는 없다. 논픽션뿐만 아니라, 소설, 시, 만화 등으로 독자가 자연스럽게 로컬이 처한 문제를 인식하도록 시도할 수 있다. 로컬 출판은 외지인에게 지역의 아름다움을 자랑해서 유인하는 도구가 아니다. '지금, 여기'에 무엇이 화두인지 예리하게 포착해 기록하는 역할을 자처해야 한다.

여기에 지방 정부 주도의 지원이 반드시 필요하다. 그동안의 행정 습성을 버리고 로컬 출판, 나아가 로컬 콘텐츠가 좀 더 자유로운 방식으로 확장되도록 유연하게 풀어줄 필요가 있다. 특히나 책은 불특정 독자와 만날 때 비로소 메시지가 완성된다. 지방 정부와 지역문화재단은 이제라도 관행을 바꾸자. 시대에 맞지 않는 방식을 고집한다면 로컬 현지인이 아닌 로컬 외부인의 콘텐츠만 '주류 로컬 출판'으로 자리 잡는 모습을 넋 놓고 봐야 할 것이다.

이러한 것들이 하루빨리 해결되면 좋겠지만, 해결되지 않더라도 '로컬'이라는 소재는 앞으로도 꾸준히 흥할 것이다. 현재 한국 로컬 담론의 스피커를 자처하는 이들이 적극적으로 자기만의 로컬 전문성을 자랑하기 바쁘기 때문이다. 지역의 현실적인 문제가 개선되지 않아도 미래 지향적인 관점에서 다뤄야 한다며, 새로운 로컬 보물섬을 찾아 나서고 있다. 그들이 보물섬이라 칭하는 이 '로컬'에 정작 사람이 소멸하는 모순은 아무도 설명하지 않는 채로 말이다.

사람이 살아야 이야기가 만들어진다. 로컬에는 갈수록 사람이 사라지고 있다. 상상해보자. 10년 후, 20년 후에도 로컬 출판이 남아 있을까? 사람이 없어 이야기가 없는 곳에는 출판도 없다. 우리가 살아남을 출판을 고민해야 한다.

장르소설의 소재가 된
로컬

김선민 청강문화산업대학교 웹소설창작전공 교수 · 괴이학회 운영자

나는 서울 태생으로, 태어났을 때부터 도시에서 살아왔다. 나무와 풀, 자연보다는 철근, 콘크리트와 아스팔트로 이루어진 도시가 훨씬 익숙하다. 어릴 적 친구들과 많이 놀던 곳도 아파트 놀이터 혹은 차들이 세워진 지상 주차장이었다.

어린 시절 친구들과 많이 했던 놀이 중 기억에 남는 것은 아파트 지하 주차장 탐험이었다. 신식 아파트는 지하 주차장이 엘리베이터로 연결되어 있지만 30년이 넘은 구식 아파트는 지하 주차장이 따로 있으며 상당히 으슥한 곳에 있다. 초등학생 입장에서는 이 지하 주차장으로 들어가는 입구가 그렇게 무섭고 음침할 수가 없었다. 무서우면 안 가면 될 텐데 저 안에 뭐가 있을지 호기심이 새록새록 올라왔

다. 결국 우리는 삼삼오오 모여서 지하 주차장 탐험대를 꾸렸다.

당시에 유행했던 비비탄총을 허리춤에 차고 긴장감 속에서 지하 주차장 입구로 조심스럽게 걸어 들어갔다. 지하 특유의 습기와 어두운 조명, 음침한 분위기는 초등학생의 공포심을 자극하기에 충분했다. 듬성듬성 놓인 자동차들과 한쪽에 아무렇게나 쌓인 자재들, 제대로 조명등이 설치되어 있지 않아 한낮임에도 그림자가 드리워진 콘크리트 공간은 귀신이 나오기 딱 좋은 곳이었다. 괴담이 만들어지기 안성맞춤인 곳이었다.

용감하게 들어가기는 했지만 입구 근처를 서성이다가 언뜻 비치는 그림자에 놀라서 재빨리 바깥으로 도망쳤다. 다음날 학교에 가서 친구들에게 탐험대가 겪은 놀라운 이야기를 과장 섞인 목소리로 말했다. 그 안에 귀신이 있는 것이 틀림없다고 확신에 차서 말하면 평범한 지하 주차장은 귀신의 소굴로 바뀌었다. 우리의 탐험에 감명받은 다른 친구들은 2차 탐험대를 짜서 다녀온 뒤 새로운 경험을 공유한다. 학교에는 이런 식으로 괴담이 만들어지고 서로 다른 버전으로 유통된다.

호러는 완전한 비주류가 아니다

괴담이란 사실 거창하게 생각할 것도 없이 바로 이런 무서운 이야기, 즉 '썰'들이 모여서 만들어지기 마련이다. 우리가 익숙하게 접할 수 있는 공간에서 평소에는 겪을 수 없는 이질적인 '이벤트'가 일어나면 그 미지의 경험에 대해 공포를 느끼고 이것을 타인에게 전하게 된다. 이 썰이 점점 구체화하고 괴담이 되면서 처음에 발화했던 내용과는 다르게 커지거나 변형된다. 우리가 듣는 괴담의 대부분은 이런 식으로 만들어졌을 가능성이 높다.

과거에는 이런 괴담이 〈전설의 고향〉과 같은 시골 배경의 귀신 이야기로 많이 만들어졌다. 하지만 시간이 지나고 우리 삶의 방식이 바뀌었다. 아파트와 빌라로 대변되는 도시에서의 삶에 익숙해진 것이다. 산속에서 무언가를 만났다는 이야기는 도시에서 나고 자란 우리에게 큰 공감을 불러오지 못한다. 그저 옛날이야기로만 소비된다. 하지만 우리에게 익숙한 도시 공간을 배경으로 하는 괴담은 매우 섬찟한 감각과 호기심을 동시에 불러일으킨다. 괴이학회가 앤솔러지 소재를 '도시 괴담'으로 잡은 이유가 여기에 있다.

2016~2017년쯤 출판사 황금가지에서 브릿G라는 플랫폼을 새롭게 론칭하면서 출신 작가들의 모임이 활발하게

이루어졌는데, 그때 호러소설을 쓰는 작가들이 모이면서 괴이학회의 전신이 만들어졌다. 남유하 작가, 이시우 작가, 사마란 작가, 배명은 작가, 엄길윤 작가, 엄성용 작가와 나를 포함해서 총 일곱 명이 창립 멤버가 되어 괴이학회를 만들었다. 괴이학회를 만든 이유는 호러 분야의 책이 잘 나오지 않으니 우리가 직접 출판해보자는 취지였다.

영화 〈파묘〉의 영향으로 무속 오컬트 분야의 인기가 높아지면서 공포소설에도 봄바람이 불어오고 있다. 하지만 2017년 당시만 하더라도 공포 분야, 특히 호러소설은 출판계에서 찬밥 신세였다. 그나마 소설집으로 나온 것이 황금가지의 『단편들, 한국 공포 문학의 밤』 정도였고, 호러소설 작가로 인지도가 높았던 전건우 작가의 『소용돌이』(엘릭시르)는 '호러소설'이 아닌 '장편소설'로 소개됐다. 그만큼 출판계에서 작품에 호러라는 이름을 붙이는 것 자체를 꺼렸다.

이유는 여러 가지가 있겠지만 호러 콘텐츠가 지극히 마이너한 소재로 유행했기 때문이 아닐까 싶다. 2000년대 초반에 초고속 인터넷망과 함께 유행한 코드 중 하나가 바로 '엽기'였다. 엽기라는 코드가 당시 서브컬처 전반에 영향을 미쳤는데 당시에 출간된 호러소설의 많은 비중을 차지한 키워드가 바로 '슬래셔'였다. 이러한 흐름으로 인해 국내 호러소설은 미국과 일본식 슬래셔 무비의 영향을 받은 마이너한 소재들이 많이 차용됐다. 문제는 엽기라는 코드의 인기가 점차 떨어지면서 슬래셔 소재 역시 유행이 지나버린 것이다.

공포 콘텐츠 자체가 비주류인 한국에서 슬래셔 소재는 호러라는 장르에 대중이 다가가기 어렵게 만들었다고 볼 수 있다. 이 때문에 10년이 지난 시점에도 호러 장르는 대중의 호응을 얻기 어려운 콘텐츠라는 인식이 생겼다고 생각한다. 2017년에 괴이학회를 만든 창립 멤버들은 이 부분에 대해서 깊이 고민했다. 주로 양꼬치와 맥주를 먹으며 많은 이야기를 나누었는데 결국 포인트는 독자에게 호러 콘텐츠를 어떻게 거부감 없이 전달하느냐였다. 여러 가지 방향성을 고민하며 레퍼런스를 찾던 중 의외의 사실을 깨달았다. 한국에서 공포 콘텐츠가 완전한 비주류는 아니라는 점이다.

어린이 청소년 코너를 가보니 『마법천자문』(아울북)과 함께 아이들을 대상으로 한 공포 시리즈물이 잘 팔린다는 것을 깨달았다. 대중이 공포 콘텐츠 자체에 거부감을 느낀다기보다 특정한 소재에 대한 거부감이 있다는 뜻이었다. 오히려 무서운 이야기에 대해서는 상당히 호의적이고 큰 관심을 가지고 있다는 것을 알 수 있었다. 공포 콘텐츠 중에서도 대중이 큰 관심을 갖는 소재는 귀신 이야기, 무속, 오컬트 쪽이었다. 원룸에서 귀신을 본 썰, 학교에서 귀신을 본 썰,

군대에서 귀신을 본 썰, 아는 무당이 이야기해준 썰, 아는 사람이 신병에 걸린 썰 등이 거부감 없이 활발하게 소비되고 있었다.

휘발성이 강한 이야기에 지속성을 더하다

콘텐츠의 가장 기본적인 형태라고 할 수 있는 '담談'은 썰 단위의 이야기로 매우 간단하게 창작할 수 있고 퍼지는 속도도 매우 빠르다. 온라인상에서 내가 들은 썰 혹은 아는 이야기를 풀어서 재밌게 쓰는 것은 누구나 가능하다. 그래서 처음에는 괴이학회에서도 이런 썰을 바탕으로 괴담집을 만드는 것도 고려했었다. 하지만 여기서 고민되는 점이 두 가지 있었는데, 썰의 형태로 만들어진 콘텐츠는 휘발성이 강하다는 점과 도서로 만들기 적합한 형태가 아니라는 점이었다. 온라인상에서 재밌게 보고 오싹함을 느끼는 목적으로는 충분하지만 이걸 책으로 만들어서 판매한다고 했을 때 독자에게 만족감을 줄 수 있을지는 미지수였다.

결국 창립 멤버들과 함께 썰의 단위가 아닌 단편소설 형식을 갖춘 괴담 소재의 소설집을 만들기로 방향을 잡았다. 괴담 소설집을 만든다면 어떤 소재가 대중에게 다가가기에 가장 적합할지를 집중적으로 논의했다. 괴담의 범위는 매우 넓었기에 초점화해서 집중적으로 소재를 잡는 것이 지속력 측면에서 유리하다는 판단이었다. 여러 후보군을 두고 고민하다가 내린 결론이 바로 '도시 괴담'이었다.

처음 준비할 때만 해도 도시 괴담보다는 도시 전설이라는 용어가 더 익숙했다. 도시 전설은 도시에서 일어난 미스터리한 일들을 소재 중심으로 기록해놓은 것이었는데 한국보다는 일본 쪽 사례가 많았다. 한국의 도시 전설은 일본과는 방향성이 다른데 귀신 이야기보다는 주로 범죄에 관한 것들이 많았다. 할머니를 도와주러 다가가면 누가 뒤에서 봉고차에 실어서 어디로 데려간다더라 하는 식의 괴담들이었다. 생각보다 한국에서는 귀신이나 초자연적인 현상을 주제로 한 도시 전설이 많지 않았기 때문에 도시 괴담을 소재로 앤솔러지를 만들어보자는 쪽으로 의견이 모였다. 그렇게 만들어진 것이 도시 괴담 앤솔러지의 첫 번째 책 『괴이, 서울』이었다.

우리에게 가장 익숙한 도시인 서울의 각 지역을 나누어서 작가마다 괴담 소재를 잡아 단편소설을 완성하기로 한 것이다. 호러 작가라고는 하지만 작가마다 서로 자주 쓰는 영역이 제각각이었다. 그렇기에 앤솔러지 기획자로서 각기 다른 소설을 서울이라는 공간을 주제로 묶어서 통일성을 주고자 했다. 다른 소설이지만 다 읽고 나면 옴니버스 연작 소설집처럼 내용이 연결될 수 있도록 만들었다. 처음 앤솔러지를 만들었기 때문에 어설픈 점도 많았고 의견 조율에도 힘이 들었지만 매우 재미있는 작업이었다. 이때 괴이학회와 인연을 맺어서 지금까지도 함께 표지 디자인과 삽화 작업을 하는 문준수 작가의 역할도 매우 컸다. 펜화로 그려낸 표지 삽화가 우리가 표현하고자 하는 도시 괴담의 직관적인 이미지를 독자에게 전달해주었기 때문이다. 이런 과정을 거쳐서 『괴이, 서울』이라는 도시 괴담 앤솔러지의 첫 시작을 텀블벅에서 펀딩으로 선보일 수 있었고, 지금까지도 괴이학회라는 그룹을 이끌어갈 수 있는 원동력을 얻었다.

도시 괴담 앤솔러지라는 틀이 만들어지니 그다음부터는 기획이 상대적으로 쉬웠다. 도시를 바탕으로 괴담을 풀어내는 형식에 맞춰서 기획하고 원고를 모집하면 되기 때문에 하고자 하는 바가 매우 명확했다. 다행히 『괴이, 서울』 펀딩이 소기의 성과를 달성했기에 후속 앤솔러지를 기획할 때는 많은 작가가 참여 의사를 밝혀주었다. 덕분에 두 번째 앤솔러지인 『괴이, 도시』는 '에덴아파트 편'과 '월영시 편', 두 권으로 제작했다. 제작하는 게 힘들기는 했지만 『괴이, 도시』를 기획하면서 괴이학회의 시그니처라 할 수 있는 가상도시인 '월영시'를 만들었다.

처음 『괴이, 서울』이 끝나고 나서 후속작으로 생각했던 건 '괴담 도시' 시리즈였다. 『괴이, 대구』, 『괴이, 인천』, 『괴이, 부산』 등 도시를 주제로 삼아 앤솔러지를 내기만 해도 평생 만들겠다는 생각이었다. 하지만 앤솔러지를 기획하는 과정에서 이 시리즈의 한계를 느꼈다. 서울은 익숙한 도시였기에 큰 어려움이 없었는데 다른 도시에 대해서는 로컬의 특성을 앤솔러지 기획에 어떻게 반영해야 할지 감을 잡기가 어려웠다. 그나마 도시적 특색이 있는 곳이라면 랜드마크를 넣는 것 정도로 특이점을 줄 수 있겠지만 그것만으로 시리즈를 이어가기에는 부족하다는 생각이 들었다. 결국 고민 끝에 우리가 자유롭게 괴담을 펼칠 수 있는 가상의 도시를 만들자고 의견이 좁혀졌다. 모든 것이 가능한 괴담의 도시 '월영시'는 이렇게 탄생했다.

장르소설 속 로컬이 흥미로운 이유

앤솔러지를 시작하기 전에 나는 기획자로서 월영시라는 '괴담 도시'의 기틀을 마련했다. 폐쇄된 병원, 공동묘지, 저수지, 재개발 구역, 쓰지 않는 터널, 항구 도시, 랜드마크가 될 탑, 수상한 재단이 운영하는 학교 등 다양한 소재를 깔아두고 작가들이 소설을 집필하는 과정에서 만들어낸 주요한 설정들을 세계관에 반영하여 월영시의 구체적인 모습을 만들어갔다. 전체적인 콘셉트는 러브크래프트 세계관에 나오는 매사추세츠의 가상 도시인 '아캄'을 참고했다. 크툴루 신화 속 끔찍하고 괴이한 일과 대부분 연관된 도시로, 마녀사냥으로 유명한 세일럼시를 모델로 만들어졌다고 알려졌다.

『괴이, 도시』 시리즈를 통해 괴이학회 세계관을 대표하는 월영시를 독자에게 선보일 수 있었고, 이 세계관을 바탕으로 나비클럽출판사, 한국추리작가협회와 '괴이한 미스터리' 시리즈도 만들었다. 그 이후에도 괴이학회에서 만든 시리즈에는 직간접적으로 월영시가 등장하며 이를 통해 도시 괴담의 범위를 확장할 수 있었다. 월영시라는 도시의 세계관을 넓혀감으로써 콘텐츠의 재미와 가치를 높이는 방식을 취한 것이었다.

서울과 월영시를 바탕으로 도시라는 소재를 괴담에 붙여서 괴이학회 내부 세계관을 형성한 뒤에는 외연의 확장을 고민했다. 괴이학회가 출판사와의 컬래버레이션을 통해 기획 앤솔러지를 낼 때 단순히 도시만을 다루는 것이 아니라 독자가 관심을 가질 만한 소재를 활용해보자는 취지였다. 들녘출판사와 함께 작업한 『오래된 신들이 섬에 내려오시니』가 이런 방향성으로 만들어진 앤솔러지였다. 제주도 신화를 괴담으로 해석하여 만들었는데, 처음에는 괴이학회 내부에서 의견이 나왔던 『괴이, 섬』의 기획을 변형해 출간 제안을 했다. 당시에 유행했던 코스믹 호러 장르를 차용해 제주도라는 친숙한 공간에서 일어나는 괴이한 신화를 괴담으로 풀어간 방식이 독자에게 신선한 재미로 다가간 것 같다.

도시라는 단어는 뭔가 묘한 구석이 있다. 친숙한 듯하면서도 어떤 면에서는 굉장히 낯설게 느껴진다. 도시 괴담은 내가 잘 안다고 생각했던 장소가 알고 보니 전혀 다른 이면을 가지고 있다는 사실을 깨닫는 것처럼 파면 팔수록 감춰진 비밀들을 발굴해낼 수 있다는 점에서 독자에게 흥미를 안겨주는 소재라고 생각한다. 괴이학회에서 월영시라는 도시를 처음 만들어내기는 했으나 우리 역시 알지 못하는 부분이 너무도 많다. 월영시라는 괴담으로 가득 찬 도시의 초자연적인 비밀을 끊임없이 캐내는 일이 괴이학회의 주요한 활동이라고 생각한다. 장르소설의 소재로서 로컬이 흥미로운 이유를 여기서 찾을 수 있지 않을까.

Part 4

로컬×브랜딩

LOCAL
LIFE
TREND

주민이 만드는 진짜 로컬 브랜드, '마을호텔 18번가'

강경환 로컬 크리에이티브 디렉터 · 영화제작소 눈 대표

강원도 정선군 고한읍 18리에 위치한 대한민국 최초의 마을호텔인 '마을호텔 18번가'는 도시재생 '사업'도, 마을 만들기 '사업'도, 문화 도시 '사업'도, 특정 개인이나 게스트 하우스 혹은 특정 기업의 '사업'으로 시작한 것도 아니다.

　그래서 처음 원고를 요청받고서는 무엇을 써야 할지에 대한 고민에 빠졌지만 왜 내가 마을호텔을 상상하고 이름을 짓게 됐는지와 지역 주민들과 함께 마을호텔을 만들게 된 과정을 담아내고, 마을호텔과 관련한 요즈음의 내 고민을 솔직하게 쓰는 것이 최선이라고 생각했다.

변화의 시작은 주민

내가 강원도 정선군 고한읍의 주민을 처음 만난 것은 2016년 1월이었다. 강원랜드에만 의존하지 않으며 지역이 자립하고 지속할 수 있는 방법을 찾고 싶었던 주민들은 문화예술 관광분야의 사회적 기업가들을 지역으로 초청했고, 나도 그 일원 중 하나로 고한을 찾게 됐다.

사실 첫 번째 방문은 아니었다. 나는 영화를 전공했고, 영화 일을 해왔고, 현재도 영화 창작을 꿈꾸는 사람이기도 하고, 사회적 기업 (주)영화제작소 눈의 대표이기도 하다. 임권택 감독의 〈노는 계집, 창〉 제작에 참여했던 1996년 무렵 고한을 방문했다. 지금과는 다른 모습의 고한 시장에서 촬영을 하고, 고한 18리의 숙소에서 머물렀던 경험이 있다. 그 시절 고한은 정부의 석탄 산업 합리화 정책으로 인해 폐광이 진행되어 아직 탄광이지만 광부들이 조금씩 떠나가고, 탄광촌 주민도 다른 지역으로 빠져나가고 있었다. 요즘의 용어로 말하면 인구 소멸 과정을 겪는 지역이었다.

그 당시 영화 촬영을 구경한 지역 주민들은 내가 다시 이 지역에 오게 된 것을 인연이라고 한다. 그 지역에 다시 가리라고는 생각하지 않았던 내가 이렇게 관계를 이어가는 것을 보면 인연은 인연인가 보다.

2017년 10월 김진용 하늘기획 대표(현 '마을호텔 18번가' 협동조합 이사장)가 고한 18리 골목 안으로 사무실을 옮기고, 유영자 초원식당(현 '마을호텔 18번가' 초원점) 사장이 고한 18리 이장이 되면서 마을이 달라지기 시작했다. 김진용 대표가 어두운 골목에 예쁜 사무실을 만들고, 유영자 이장이 골목 청소하기, 화분 만들기 등 작지만 꼭 필요한 일들을 시작하면서 마을의 진짜 변화가 시작됐다.

지역 사람들과 함께 마을의 빈집을 활용한 폐광 지역 폐공가 공간 재생 사업으로 '이음 플랫폼(청년 공유 공간)' 창업에 참여했고, 18리 골목을 활용해 '골목이 희망이다. 마을에서 배운다'며 주민들과 함께 사회적 경제 공부도 하고 영화도 보고 오페라 아리아도 감상하는 '골목길 아카데미'를 진행했으며, 골목에서 주민들을 위한 공연을 열기도 했다. 이 과정에서 주민들은 조금씩 변화했고, 나도 지역과 지역 주민에 대한 생각이 바뀌기 시작했다. 그리고 절대 서로를 신뢰하지 않을 것 같았던 행정 기관과 주민 사이에 믿음이 조금씩 쌓이는 모습도 보였다. 주민이 행정 기관에 요구만 하는 것이 아니라 스스로 마을을 변화시키기 시작하고(나는 이것을 투자라고 생각한다), 그 모습을 보던 행정 기관도 주민이 원하는 것을 지원하기 시작했다. 그러던 중에 지역으로 돌아온 청년인 이혜진 씨가 골목의 빈 점포인 '은혜슈퍼'를

'들꽃사진관'으로 만드는 것을 함께하기도 했다.

지역 인구가 소멸하지 않기 위한 방법은 첫째는 살고 있는 사람이 떠나지 않고, 둘째는 떠난 사람이 돌아오며, 셋째는 외지인이 들어오는 것이라고 생각한다. 그 첫 번째와 두 번째가 시작된 것이다. 마을에는 새로운 색깔이 칠해지고, 활기가 돌기 시작했다. 하지만 이때까지도 '마을호텔'은 상상하지 않고 있었다. 그러던 어느 날, 유영자 이장의 질문이 시작됐다. "우리 이제 뭐 하면 돼?"

떠나지 않은 주민, 떠나고 싶어 하지 않는 주민의 질문은 나를 고민하게 만들었다. 그때부터 마을을 다시 보게 됐다. 마을이 가진 자원이 무엇이고, 마을이 진짜 원하는 것은 무엇이며, 마을이 감당할 수 있는 수준은 어느 정도일까를 생각하게 됐다.

그러면서 내 나름대로 세 가지 원칙을 가지고 고민했다. '마을에 머물 수 있게 해야 한다', '빨리, 크게 (경제적으로) 나아지는 것을 목표로 하는 것이 아니라 조금씩 나아지는 마을의 삶이어야 한다', '주민이 하던 일을 계속할 수 있어야 한다'. 이 세 가지 원칙을 가지고 골목을 오르락내리락하다 보니 그동안 눈에 들어오지 않던 것들이 다시 보이기 시작했다. 골목 안에 있는 숙박업소, 음식점, 하늘기획, 들꽃사진관, 이음플랫폼 등을 보면서 엉뚱한 상상을 하기 시작했다.

누워 있는 호텔, 호텔이 되는 마을

강원도 정선의 사북, 고한에는 큰 관광지가 있다. 강원랜드 카지노와 하이원 스키장이다. 그러나 목적이 명확한 관광객이 마을에 내려오는 것은 쉽지 않고, 강원랜드 카지노와 하이원 리조트는 그 안에서 모든 것을 해결할 수 있는 규모다. 그에 비해 고한 18리, 아니 더 넓게 봐서 고한읍은 크게 볼거리가 있는 마을도 아니니 관광객이 오기는 힘들 것이고, 무리해서 볼거리를 만든다고 해도 사진 몇 장 찍고, 커피 한 잔 사고, 간식거리 하나 사는 것으로는 마을에 큰 도움이 되지 않으리라 생각했다. 마을에 도움이 되려면 어떻게든 마을에 머물게 해야 하고, 되도록 하루가 아니라 2박, 3박을 할 수 있는 곳이 되어야 한다고 생각했다. 그런 생각을 가지고 골목을 오가던 중에 높게 서 있는 호텔을 눕힌다는 상상을 하게 됐다. 내가 걷는 골목이 엘리베이터고 복도라면, 골목을 걷는 것을 엘리베이터를 타고 올라가다가 복도를 걸어 기존의 숙박업소 객실로 들어가는 방식이라고 보면 이것도 '호텔'이라고 할 수 있지 않을까 하는 상상이었다. 그렇게 고민하던 중에 골목 초입에 있는 중국 음식점인 '국일반점'을 '차이니즈 레스토랑 국일'이라고 영어로 이름 붙이면서 나의 '누워 있는 호텔'에 대한 상상은 완성됐다. 하지만 처음

누워 있는 호텔을 말했을 때는 아무도 이해하지 못했다. 혼자서 상상 속에서 조금씩 구체화해가고 있었다.

'마을호텔 18번가'의 기반은 그동안 주민들이 해왔던 마을 가꾸기다. 살기 좋은 마을로 만들어가기 위해 골목 안 집들의 색을 바꾸고, 보기 싫고 불편한 것들을 고치고, 화단을 가꾸는 마을 활동들이 마을에 호텔을 새로 짓는 대신 마을 자체가 호텔이 되게 한 것이다. 이렇게 해온 주민 활동이 있기에 행정이 함부로 방향을 정하거나 지원 사업에 맞추지 않아도 됐다. 골목길 정원 박람회(박람회라고 우기기로 하면서 시작한 일이다)와 도시재생 사업(마을호텔 이후에 선정됐다)은 여전히 마을을 호텔로 만들어가는 과정으로 존재한다.

이미 살고 있는 호텔리어, 함께 운영하는 호텔

'호텔리어' 하면 떠오르는 이미지가 있다. 특히 영화나 드라마에서 본 특급 호텔의 호텔리어가 떠오를 것이다. 그렇지만 포틀랜드 '에이스 호텔'의 호텔리어는 이런 일반적인 호텔리어의 이미지와는 매우 다르다. 지역 내 향토 기업들이 들어와 고유한 생활 양식을 경험해볼 수 있도록 하고, 지역 주민을 위한 소통 공간이 되기도 하는 에이스 호텔의 호텔리어는 친숙한 분위기가 느껴진다. 어떤 곳이든 그곳에 맞는 서비스와 복장이 있는 것이다.

고한 18리에서 국일반점, 구공구이, 하늘기획, 마을호
텔 초원점, 마을호텔 해오름점을 운영하는 주민들은 이미
호텔리어가 하는 일을 하고 있었다. 가족들의 생계를 걸고
길게는 수십 년간 일해온 주민들은 자신이 하는 일에서는
이미 전문가다. 외부에서 호텔리어가 '오는' 것이 아니라 마
을에 살고 있는 주민들이 호텔리어가 '되는' 것이다. 마을에
호텔을 짓지 않고 마을이 호텔이 되는 일의 완성은 호텔리
어가 주민이 되는 것이 아니라 주민이 호텔리어가 되는 것
이다.

'마을호텔 18번가'는 협동조합이다. 참여하는 주민들
이 함께 운영하는 것이 마을호텔의 본질이라고 생각했기 때
문에 협동조합을 권했다. 다만 도시재생 사업에서 만드는
'사회적 협동조합'이 아니라 '사업자 협동조합'으로 진행했
다. 협동조합은 결사체이기도 하고 사업체이기도 하지만 상
대적으로 사업체의 성격이 부족한 점이 아쉬웠기 때문에 사
업적인 부분을 좀 더 강화하기 위해 사업자 협동조합을 권
했다.

사업자라고 하지만 주민들에게는 많은 수익, 많은 관
광객을 바라기보다는 조금씩 늘어나는 수익을 목표로 하자
고 강조했다. 특급 호텔의 서비스를 원하는 고객은 특급 호

텔에 가면 된다. 마을호텔에 찾아오는 이들은 마을호텔의 분위기와 서비스를 원하는 고객이다. 주민들은 협동조합의 바이블이라고 하는 정관을 한 줄씩 함께 읽으며 '마을호텔 18번가'에 맞는 정관을 만들었다. 그리고 '마을호텔 18번가'에 맞는, 자신들이 할 수 있는 사업 계획을 세우기도 했다. 그렇게 '마을호텔 18번가'는 시작됐다.

'마을호텔 18번가'가 생긴 이후 전국 각지에서 마을호텔이라는 이름을 쓰는 다양한 사례가 나타났다. 내 생각과는 다른 방식으로 진행되는 모습을 보면 모든 마을에서 자유롭게 쓰길 바라는 마음에서 상표 등록을 하지 않은 것이 약간 아쉽다는 생각이 들기도 한다. 마을호텔의 이름을 쓰며 운영하는 곳들은 크게 주민 중심의 커뮤니티 비즈니스 방식, 도시재생 사업의 비즈니스 아이템 방식, 호텔(게스트 하우스) 비즈니스 중심의 로컬 크리에이터적 방식으로 나눌수 있다.

각각의 운영에는 약간의 아쉬움들이 있다. 주민 중심의 커뮤니티 방식은 비즈니스를 오해하여 비즈니스를 하지 않으려 한 것으로 보이고, 도시재생 사업의 비즈니스 아이템 방식은 사업 기간과 주민 공동체에 과도하게 맞추려다 보니 주민의 성숙 속도와 맞지 않게 진행되는 것으로 보이며, 호텔(게스트 하우스) 비즈니스 중심의 로컬 크리에이터적 방식은 지역의 자원을 활용하고 이용하기는 하나 지역, 특히 지역 주민과의 관계를 제대로 맺지 못하여 위험해 보인다. 어떤 방식이 옳고 그르냐보다는 그 지역에 적합한 방식을 잘 정했느냐, 지역 주민과 함께하느냐가 더 중요할 것이다. '마을호텔 18번가'는 세 가지 방식의 아쉬움을 해결하며 진행하고 있다. 누군가 만든 길이 아니라 스스로 길을 만들어가며 느리지만 단단하게 가고 있다.

내가 로컬을 생각하는 이유

지방, 지역, 로컬은 비슷한 듯 비슷하지 않다. 나는 지방보다는 지역이라는 말을 더 선호한다. 지방은 서울 이외의 지역, 중앙의 지도를 받는 아래 단위의 기구나 조직을 중앙에 상대하여 이르는 말인 반면, 지역은 전체 사회를 어떤 특징으로 나눈 일정한 공간 영역이라는 뜻을 지니기 때문이다. 게다가 자신이 사는 지역이 개별적 특징, 장점을 가지고 있지 않고 서울과 비교하여 아래에 있는 지방이라고 생각하게 되면 떠나고 싶은 마음이 계속 들 것 같아서다. 그런데 지역이라는 말도 서울과 서울 이외의 지역으로 오염되고 있는 것 같다.

그러다 로컬이라는 말을 다시 만나게 됐다. 로컬의 뜻

중에 나에게 와닿은 부분은 '(현재 얘기되고 있거나 자신이 살고 있는 특정) 지역의, 현지의'와 '(특정 지역에 사는) 주민, 현지인'이다.

로컬이라는 말 안에 이미 '주민'이라는 사람이 있다는 것은 나에게 매우 흥미로운 지점이었다. 나는 이미 무너져가고 있는 지역 경제 생태계의 대안인 로컬 비즈니스 안에는 커뮤니티 비즈니스, 로컬 크리에이터, 로컬 벤처(스타트업)가 있다고 생각한다. '주민'은 세 가지를 구별하고, 연결하기도 하는 중심 키워드로 다가왔다. 다른 방식으로 사업을 진행하겠지만 '로컬', '지역'이라는 말을 쓰기 위해서는 '주민'을 잃지 말아야 한다.

로컬 브랜드가 필요한 이유는 지역에서 계속 살아가야 하는 주민이 있기 때문이다. 지역에는 주민이 살고 있어야 하고, 살아가야 한다.

'마을호텔 18번가'를 같이 시작했던 '들꽃사진관'과 '이음플랫폼'은 골목을 떠났다. 그렇지만 그 관계는 계속 이어지고 있고, 이어갈 방법을 찾고 있다. 그리고 '들꽃사진관'과 '이음플랫폼'에는 다른 사람들이 들어와 다른 이름이지만 그 자리를 이어가고 있다. 특별한 지원 사업을 하지 않아도 외지인이 들어와 함께 살아가기 시작한 것이다. '마을호텔 18번가'는 변화하고 있고, 아직도 만들어가는 중이다.

인천사람구출작전,
지역에서의 일과 삶을 꿈꾸다

권혜연 오즈인터랙티브 주식회사 이사

"인천 사람을 어디서 구출해요? 서울로부터? 발상이 너무 재밌네요." 소셜 살롱 '인천사람구출작전'을 운영하는 '오렌지기지'는 인천에 기반을 두고 로컬 콘텐츠를 만드는 기획 크루다. 오렌지기지는 2021년 지역공동체로 출발해 영상 중심으로 지역을 기록하다가, 2023년 로컬 여행 플랫폼 '오즈인터랙티브' 소속이 되어 공간 '온마이피벗'을 기반으로 미디어 및 소셜 살롱 프로그램 등 다양한 콘텐츠를 만들고 있다. 우리의 목표는 이 지역에서 청년에게 가장 매력적으로 느껴지는 콘텐츠를 만드는 것이다.

우리도 합니다 조찬 모임, 메뉴는 맥모닝!

재밌는 일 해보자고 인천에 돌아왔는데, 그러려면 시간이 아침밖에 없다니. 역시 인생은 쉬운 게 하나도 없다.

'본 투 비' 정치외교학도로 사회 혁신을 꿈꾸던 나는 자연스레 임팩트 생태계의 메카 성수동으로 출퇴근하는 직장인이 됐다. 혹시 아시는가. 수도권 서쪽 인천에서 서울 동쪽 성수동까지 얼마나 걸리는지? 네 시간을 날리고 매일 스무 시간만 살아야 하는 삶은 나에게 또 다른 사회 불균형으로 인식되기에 충분했다. 이걸 해결하고 싶어서 2020년 말, 인천에서의 로컬 활동을 선택했다. 이렇듯 각각의 이유를 품고 대부분의 인천 사람은 서울로 향하고, 몇몇은 인천으로 다시 돌아왔다. 마음 맞는 이들과 함께하는 지역에서의 일과 삶을 꿈꾸며 2021년, 로컬 스타트업 오렌지기지는 시작됐다.

로컬 창업도 어쨌든 창업이다. 문자 그대로 오렌지기지는 창업 첫해 365일 중 355일을 뛰어다녔다. 로컬 사람들과 얼굴도 터야 하고, 돈은 돈대로 벌어야 하는 로컬 창업은 생각보다 시간이 남아나지 않는 분야였다. 업무 관련이 아닌 약속을 잡으려면 영원히 만날 수 없다는 걸 아는 동료 기업 '왓츠더웨더' 이준의, 고호성 대표가 어느 날 이상한 제안을 했다. "그럼 다음 주 화요일 아침 일곱 시에 시간 어떠세요?" 그렇게 우리는 굳이 굳이 아침 일찍 나와 맥모닝을 먹으며 실없는 이야기를 나눴고, 그중 몇 개를 실현해냈다. 조찬모임 이름은 '퉤퉤퉤'.

로컬 스타트업계 사람들의 애환을 담은 토크와 전시로 이루어진 '우리 아직 안 망했어요', 1박 2일간 모여서 새벽에 책을 쓰고 해산하는 '북 캠프', 그리고 막차 시간 걱정 없이 인천에서 즐기는 소셜 살롱 '인천사람구출작전'을 나름 만족스럽게 마쳤고, 굳이 놀 때도 서울 가서 놀아야 했던 인천 사람 몇 명을 구출해내는 성과를 올렸다.

서울 공화국 속 위성도시의 로컬

'인천사람구출작전'이란 이름은 내가 성수동으로 일을 다닐 때부터 읊조리던 것이다. 당시 근무하던 회사가 공유 오피스 입주사라 다양한 네트워킹 문화를 경험했는데, 이럴 수가, 참여하고 싶은 모임은 너무 많은데 퇴근 후 모임에 참여하고 나면 막차 시간이 끊겨버리는 것이다. 이를 계기로 내 언젠가 막차 시간 걱정 없는 인천 사람만을 위한 모임을 만들어보리라 결심했던 것 같다. '그러면 꼭 신도림역에 모집 포스터를 크게 붙여야지' 하면서(이것까지는 아직 못 이뤘다).

지역의 고유한 문화 정체성을 살리는 것이 '로컬 사업'의 의미라고 한다면, 오렌지기지가 속한 오즈인터랙티브가 주목한 인천의 문화 정체성은 '위성도시'다. 개항의 역사와 문화를 품고 있는 구도심 동인천의 풍경도 물론 사랑하지만, 오렌지기지의 로컬성은 역설적이게도 서울 출퇴근길에 발화發火됐다.

　　인천 사람들이 보통 약속을 잡는 장소는 '구월동' 혹은 '부평'이다. 이 지점으로부터 동인천은 왼쪽으로 한 시간이 걸린다. 반대로 오른쪽으로 한 시간을 가면 홍대·합정·연희동이 나온다. 양쪽 다 인천 사람들은 마음먹고 '놀러' 간다. 그리고 우리는 그냥, 우리가 일상에서 지나는 내 동네에서 먹고 놀고 살았으면 좋겠다고 생각했다.

　　전술했듯 오즈인터랙티브가 추구하는 로컬은 '위성도시' 사람들의 생활 양식에 스며드는 어떤 것이었다. 형태적으로는 일상적으로 향유하는 커피, 디저트, 소품 숍, 살롱 문화 프로그램 등이었고, 위치적으로는 타 지역을 오가는 출퇴근길에 쉬이 들를 수 있도록 교통의 중심지에 있어야 했다. 그래서 우리가 만든 로컬 콘텐츠 편집 숍이자 로컬 크리에이터의 앵커 공간 '온마이피벗'은 구월동 로데오 바로 옆, 퀼리단길에 위치한다.

　　그게 로컬이라고? 가끔은 설명하기 참 복잡하고 미묘

하다. 이 애매함은 한편 인천이라는 곳의 특성과도 참 닮았다. 서울도 아니고 지방도 아닌 수도 옆 광역시 '인천'은 생각보다 로컬 사업의 사각지대에 있다. 지금도 종종 로컬을 주제로 하는 포럼이나 콘퍼런스에 참석하러 성수동에 간다. 서울의 시각으로 지방의 매력을 발굴한다든가 비수도권에서 이루어지는 특산물을 활용한 창업 사례를 듣는다. 낄 데가 없다는 생각에 그냥 돌아오기도 한다.

누군가의 문법에서는 우리가 하는 일들이 로컬에 관한 활동이 아닐 수도 있다. 아무튼 우리는 이곳 구월동 온마이피벗에서 오가는 인천 사람들을 커피로 환대하고, 인천의 창작자들과 함께 일하며 서울로만 납품했던 굿즈를 여기서도 팔 수 있게 하고, 가끔 카페 마감 후 동네 사람들과 심야영화를 보고, 하루 투자해서 작가가 되는 가성비 좋은 도시형 출판 프로그램을 진행하고, 터덜터덜 퇴근하고 집에 오는 길에 들러 이야기 나눌 수 있는 살롱 프로그램을 진행한다. 지난달에는 서울에서 활동하는 마케터 소정 님이 "인천에도 집 근처에 이런 공간이 있다니!"라는 후기를 남겨주었고, 이번 달 우리가 낸 기획자 채용 공고에는 다수의 인천 청년이 지원해주었다. 인천에서의 일과 삶을 꿈꾸던 내가 뿌듯함을 느낄 만한 반응이 요새 조금씩 생기고 있다. 아무튼 우리는 여전히 열심히 인천 사람을 구출하고 있다.

실험과 변화를 거듭해온 '인천사람구출작전'

2022년 프로토타입으로 시작한 인천사람구출작전(이하 '인구작')은 매해 실험과 변화를 거듭하며 지속되고 있다. 2022년부터 2023년까지 총 19회의 인구작이 진행됐고, 스물여섯 명의 '구출자(토커)'가 약 200여 명의 인천 사람을 '구출'했다. 지금은 매월 마지막 주 목요일에 진행되는 소셜 살롱 형태지만 큰 틀에서 인천 사람을 위한 콘텐츠라면 어디로든 확장할 준비가 되어 있다. 소셜 살롱 특성상 사람들과 대화를 많이 나눴고, 덕분에 인구작을 통해 재밌고 매력적인 분들을 많이 만났다. 가끔은 다른 프로젝트에서 만난 사람 중 흥미로운 콘텐츠를 가진 분들을 인구작에 모시기도 했다.

소셜 살롱 인천사람구출작전.

2022년: 주제별 인구작

처음에는 토커를 두 명씩 엮어 흥미로울 만한 공통 주제를 뽑아냈다. 돈을 지불할 만큼 양질의 콘텐츠를 만드는 것이 목표였다. 〈덕업 일치〉, 〈예술가한테 순서는 중요치 않아요〉, 〈카페 해서 살아남기〉, 〈사이드프로젝트로 사람 얻기〉, 〈배우들의 부캐자랑〉 이렇게 다섯 개의 회차가 무려 유료로 진행됐고, 구매자가 다섯 명이나 나타났다. "서울에서 이런 거 신청 많이 하는 편인데 인천에도 생겨서 반가운 마음에 신청했어요." 기획 의도를 정확히 알아봐준 마음에 감동했던 기억이다. 가문 인천 소셜 살롱 판에 단비처럼 등장한 인구작에서 새 동네 친구를 찾은 사람들은 토커와 참여자를 불문하고 급격히 친해지기 시작했다. 〈예술가한테 순서는 중요치 않아요〉 편의 토커였던 구 미술가 현 장학사인 김윤희 님은 이런 움직임을 만드는 청년들이 기특하다며 뒤풀이 자리마다 크게 한턱내곤 했다. 막차 걱정은 정말 없었다. 택시를 타도 만 원이 넘지 않는, 우리의 동네였다.

2023년: 인구작 커뮤니티

뜻밖의 인연들이 이어졌다. 전년도 인구작 참여자들 사이에서 자발적인 소모임이 생겨났다. 이 커뮤니티를 잘 이어가면 좋겠다는 생각이 들었다. 2023년 인구작의 목표는 전년도 참여자를 중심으로 한 자생적인 운영이었다. 전년도 모든 회차 티켓을 구매한 MVP 미연 님이 2월 토커를 기꺼이 맡아주기로 했다. 영한 번역가 미연 님은 인구작 소모임으로 '언어 교환' 모임을 주도하고 있었는데, 이 '언어 교환'을 주제로 인구작을 진행해주었다. 뒤이어 3월, 4월에도 기존 커뮤니티 멤버들이 토커가 되어 인구작을 이어갔다. 하지만 절반만 지속 가능한 형태였다. 우리끼리 네 개 회차를 진행하는 동안 새로운 참여자가 유입되어 커뮤니티가 확장되기를 기대했는데, 생각대로 되지 않았다. 그리고 이토록 느슨하지 않은 커뮤니티는 지속하기에 부담스럽기 마련이었다. 5월부터는 주변의 매력적인 사람들, 우리가 친해지고 싶었던 사람들과 인구작 토커가 되어달라는 제안을 핑계 삼아 인연을 엮어나갔다. 이것도 나름대로 나쁘지 않았다. 덕분에 옷깃 정도만 스친 사람에게서도 토크 주제를 뽑아내는 기획력을 얻게 된 한 해였다. 타 프로그램 신청을 통해 만난 로컬 생활자 '소피' 님의 이야기를 인구작으로 끌어와 들어보기도 하고, 퇴근 전 한 잔 하려고 들어간 사무실 앞 로컬 바에서 이야기를 나누다가 덥석 바텐더 '무웅' 님을 그 자리에서 섭외하기도 했다.

꾸준한 콘텐츠로 열두 달을 채운 것도 의미가 컸다. 가끔 이 프로젝트를 알아봐주는 분들이 생기기 시작했다.

2024년: 인구작-My Life But Better

우리를 찾는 이들은 어떤 사람들일까? 우리는 어떤 사람들일까? 몇 번의 시행착오 뒤 다시 우리를 돌아보기 시작했다. 획기적인 변화까진 아니지만 그저 내 지역에서 더 나은 삶을 살고 싶은 사람들. 내가 가진 가치관을 조금 더 확장하고 싶은 사람들. 내가 가진 것을 조금 더 나누고 싶은 사람들. 일은 타지에서 하더라도 삶은 인천에서 사는 사람들. 앞으로는 우리와 닮은 이런 사람들을 더 많이 모아보기로 했다. 진행 공간과도 의미를 더 맞추는 작업을 하고 있다. 로컬 콘텐츠 편집 숍 '온마이피벗'은 '내 안의 중심을 찾는' 공간이라는 의미를 가진 곳이다. 오렌지기지 동료 기획자 서윤 님과 머리를 맞대고 'My Life But Better+'라는 부제를 붙여 '내 삶의 중심을 지키며 더 나은 삶을 향해 가는' 데 필요한 키워드들을 뽑아냈다. '비건', '축제', '선물', '로컬', '기록', '독서' 등이다. 특히 전년도까지는 토커가 모두 인천 사람이었는데, 앞으로는 지역에 구애받지 않고 다양한 곳에서 양질의 토커를 섭외할 요량이다(이미 와본 분들은 알겠지만, 생각보다 찾아오기 정말 좋다).

    이렇게 2022년부터 이어온 인천사람구출작전은 없어지지 않는 한 매월 마지막 주 목요일 저녁에 온마이피벗에서 진행되니 구경하러 오시라. 퇴근길 어둡지 않게 불 켜놓고 기다리고 있겠다.

로컬은 브랜드가 아니라
삶의 터전

정용택 다큐멘터리 감독 · 『로컬 젠트리파이어 전성시대』 저자

쫓겨나지 않는 재생

도시재생이나 로컬 브랜드 사업 등 골목 상권 활성화 사업을 하면 필연적으로 일어나는 것이 투기와 임대료 상승으로 인한 젠트리피케이션이다. 골목 상권 활성화 사업을 하기 전에 젠트리피케이션을 막을 수 있는 법과 제도적 보완이 꼭 필요하나 한국 정부는 상권을 활성화하는 데만 집중할 뿐 원주민이 쫓겨나거나 상권을 살리는 역할을 한 소상공인이나 예술가가 쫓겨나는 일에 크게 신경을 쓰지 않는 듯하다.

문재인 정부의 도시재생 뉴딜사업이 끝나갈 무렵 여수시 도시재생 세미나에서 주목할 만한 발언이 나왔다. 5년 동

안 핵심 도시의 도시재생 지원 센터장으로 일한 분이 "젠트리피케이션이 심각하다. 상생 협약은 종이 쪼가리였다"라고 말한 것이다. 도시재생 뉴딜사업이 시작될 때 많은 이들이 투기와 젠트리피케이션에 대한 우려를 표했으나 법과 제도를 정비하지 않고 밀어붙인 결과다.

문재인 정부에서 5년 동안 일어난 젠트리피케이션에 대한 부정적 평가에도 불구하고 윤석열 정부의 로컬 브랜드 상권 사업도 그에 대한 아무런 보완 없이 진행하고 있다. 심지어 대통령 직속 지방시대위원회의 로컬 생태계 구축 전문위원장이 "반젠트리피케이션 정책이 서른 개가 넘는다. 그것이 지역 발전에는 성장통이 된다"라고 말하는 게 현실이다. 반젠트리피케이션 정책이 서른 개나 있다는 것은 전혀 근거 없는 얘기지만, 실효성 있는 반젠트리피케이션 정책이 없는 것은 사실이다. 가장 많이 언급하는 상생 협약마저도 앞서 언급한 도시재생 지원 센터장 말대로 법적 구속력이 없는 종이 쪼가리일 뿐이다.

지난 10년간 상권 활성화 사업지에서 젠트리피케이션으로 인해 벌어진 가장 충격적인 사건은 서촌의 '궁중족발' 사건이었다. 골목시장 육성 사업을 하기 전까지 10년 넘게 아무 탈 없이 영업을 해온 임차인 앞에 강남에서 온 갭투자 전문가가 새로운 건물주로 등장한 것이 비극의 시작이었다.

300만 원 임대료를 1,200만 원으로 올려달라는 건물주가 용역을 동원한 물리력을 행사해 손을 다친 임차인은 망치를 들었다.

이 사건과 관련해 한일 권리금에 대한 연구 논문 저자인 다무라 후미노리 연구원은 "일본에선 100년쯤 전에 이미 건물주가 용역을 동원해서 임차인을 내쫓는 일은 없어졌다"라고 말했다. 다무라 후미노리 선생과 함께 일본에 가서 만난 교토의 400년 가게 에이라쿠야의 14대 대표 호소쓰지 이헤이는 궁중족발 사건을 듣더니 "건물주가 그런 짓을 하면서 어떻게 함께 살아갈 수 있냐"고 놀라면서 공동체의 중요성을 강조했다.

일본에도 임대인 마음대로 임차인을 교체하려다가 시민들의 거센 저항을 받은 사례가 있다. 일본 철도 JR이 신주쿠 역사를 리모델링하면서 50년을 영업해온 독일식 소시지와 맥주를 파는 '베르그BERG'라는 가게를 내보내려다가 임차인의 거센 저항으로 실패한 사례다. '베르그'는 단골손님이었던 시민들의 연대로 3년간 저항했고 지금도 문제없이 영업하고 있다. 작은 식당 주인이 대자본에 맞서 저항할 수 있었던 것은 시민들의 연대와 차지차가법이 존재했기 때문이다.

100년 전에 약자인 임차인을 보호하기 위해 만들어진

차지차가법은 원칙적으로 '기간을 정하지 않는 임대차 계약'이다. 임대인이 건물에 거주해야 할 필요성이 있거나 안전 때문에 건물을 재건축해야 하는 등의 '정당 사유'가 아니라면 임차인을 내보낼 수 없다. '정당 사유'가 아닌데도 임차인을 내보내고 싶다면 퇴거보상금을 지급해야 한다. 임대료도 건물주 마음대로 올릴 수 없다. 임차인과 합의하지 못하면 재판을 통해 조정해야만 한다.

임차인을 보호하는 차지차가법이 유지되는 이유에 대해 교토의 감정평가사 가미모토 아야코는 "일본은 첫 번째 계약이 임대인과 임차인 머릿속에 계속 남아 있다. 그걸 바꾸려고 하는 게 옳지 않다. 임차인은 보호받아야 하는 대상이라는 옛날의 구법 제정 이념이 남아 있는 거다. 그래서 지금도 그런 식으로 맥락이 이어지고 있다"라고 말했다. 일본에는 100년 가게가 3만 개 이상 남아 있다고 한다. 약자인 임차인을 보호하는 강력한 법과 그 법을 존중하는 문화가 없었다면 일본의 오래된 가게와 로컬 문화는 많이 사라졌을 것이다.

최근에 전국적으로 유명한 로컬 크리에이터가 청년들에게 젠트리피케이션을 당하지 않으려면 1억 원씩 대출받아 쇠퇴한 지역에 가서 건물을 사라고 권유하는 유튜브 영상을 본 적이 있다. 많은 청년이 1억 원씩 대출받아 쇠퇴한 지역에 몰려가서 건물을 사면 어떤 일이 벌어질까? 한두 명이 아니라 여러 명이 동시에 상권을 만들기 위해 건물을 열채, 스무 채씩 매입한다면 그 지역은 투기 바람이 일고 그곳에 살던 임차인들이 쫓겨나게 될 것이다. 실제로 1억 원씩 대출을 받으라고 권유한 로컬 크리에이터가 활동하는 지역은 1년 사이에 건물 40~50채가 매매되면서 지가가 세 배나 상승했다.

낙후된 지역에 도시재생 등 부동산 호재가 있을 때 외지인들이 들어와 단기간에 많은 부동산을 매입해서 지가를 올리는 방식을 부동산 용어로 '매집'이라 한다. 부동산 전문가 조정흔 감정평가사는 〈프레시안〉 칼럼에서 '매집' 현상을 이렇게 설명했다. "거래가 거의 없던 조용한 동네에 자금력 있는 몇 명이 들어가서 부동산을 매집하기 시작하면 쉽게 가격이 급등한다. (중략) 그 가난한 동네까지 들어가서 거주하거나 장사를 하던 세입자는 부동산의 손 바뀜이 일어나면 터전을 잃게 된다."*

서울에서는 1억이란 돈이 건물을 매입하기에는 턱없

---

* 조정흔, 「손혜원의 목포와 우리들의 일그러진 부동산」 〈프레시안〉, 2019. 06. 25.(https://www.pressian.com/pages/articles/246303?no=246303& utm_source=naver&utm_medium=search)

이 부족하지만, 평당 몇백만 원 하는 쇠락한 지역에 1억씩 들고 들어가면 웃돈을 얹어주고 건물을 살 수 있다. 투기 바람이 불면 가장 큰 피해를 보는 건 가난한 동네에서 더 열악한 곳을 찾아야 하는 임차인들이 된다. 결국 청년들이 은행 대출을 받아 이자를 내면서 시작한 투자는 조용했던 동네에 투기와 젠트리피케이션 바람을 불러일으킬 것이다.

차지차가법과 같은 임차인 보호법을 도입해서 '정당 사유'가 없는 한 쫓겨나지 않고 임대료도 적정 수준에서 올린다면 굳이 은행 빚을 내서 건물을 살 필요가 있을까? 상가임대차보호법이 차지차가법 수준으로 바뀐다면 청년들은 지역으로 가서 낮은 임대료 덕분에 큰돈 들이지 않고 하고 싶은 일을 하며 서울의 경쟁 시스템과는 다른 삶을 시작할 수 있을 것이다.

지역을 떠나지 않고 오랫동안 하고 싶은 일을 하고 산다면 세대교체 시기에 큰돈 들이지 않고 자연스럽게 건물주가 될 수도 있지 않을까?

투기 세력보다 빠른 행정

2017년 도시재생 뉴딜사업이 매년 100개씩 전국 500개 지역에서 대규모로 시작될 때 많은 지역에서 투기가 일어났다.

낙후된 지역에 외지인들이 몰려와 건물을 수십 채씩 사면 매매가가 서너 배씩 뛰는 건 흔한 일이었다. 그런 이들 중에는 공직자도 있었고 도시재생을 한다는 업체도 있었다.

이들은 재생 또는 투자라고 했지만 그 지역에는 그 시기에 외지인에게 팔린 집주인이 누군지 알 수 없는 집들이 지금도 많이 숨어 있다. 지역을 띄울 때마다 아무것도 하지 않고 빈집으로 방치해둔 이들이 시세 차익을 챙기고 빠져나가고 있는 것이다.

독일에는 토지나 주택 가격의 급상승을 억제할 수 있는 '선매권 제도'가 있는데, 토지나 주택의 가격이 상승하면 지방자치단체가 지가 상승을 막기 위해 급상승한 개인의 토지나 주택을 매입할 수 있는 제도라고 한다. 선매권 제도를 도입하면 앞에서 이야기한 도시재생 지역의 투기를 억제할 수 있지 않을까?

2018년에 국무총리비서실에서 독일과 네덜란드의 주요 도시로 시민 사회단체 도시재생 해외 연수를 다녀온 적이 있다. 성과 보고회 취재를 갔는데 그때 '선매권'이라는 이름을 처음 들었다. 해외 연수단은 이렇게 보고했다. "젠트리피케이션을 극복하는 방법의 하나로 독일 연방법의 지역보호법에는 선매권 제도라는 게 있다. 이 선매권 발동으로 크로이츠베르크에서 빈집 1,000호를 매입해서 월세를 더 오르지 못하게 했다고 한다. 지금 공공의 자금이 투입되면서 오히려 재생 지역 부동산 소유주를 살찌우는 모순을 야기하는 우리의 도시재생 뉴딜사업에서 반드시 심사숙고해야 할 가치다."

이날 보고회에는 선매권 얘기를 귀담아들어야 할 국토부의 도시재생을 담당하는 공무원도 참석했다. 하지만 그는 시민단체 해외 연수단의 발표를 다 듣지도 않고 "한국과 독일의 현실 법과 제도는 다르다"며 자기 할 말만 하고 가버렸다. 행정은 도시재생 뉴딜사업에서 투기와 젠트리피케이션을 막을 의지가 없었다.

시간이 만들어가는 재생

얼마 전 남쪽의 한 대학에서 특강을 하고 난 후 "재생할 때 그곳에 사는 사람이 주체가 되어야 한다고 하셨는데 그 주체가 누구냐?"라는 질문을 받은 적이 있는데, 한국의 도시재생에 대해 설명하며 이렇게 답했다. "지역에 100명의 사람이 살고 있다면 그 모두가 각각 다른 생각을 하고 있다. 그런 사람들이 각자 다양한 아이디어를 내고 합의하며 실행하기까지는 많은 시간이 걸린다. 몇 년이 걸릴 수도 있지만 한국의 행정은 그럴 시간을 주지 않는다."

2020년, 도시재생 뉴딜사업이 한창일 때 나온 「영천시 도시재생 뉴딜사업, 현장이 답이다」라는 정책 제안에는 이런 내용이 담겨 있다. "유럽의 사례를 보더라도 최소 10년, 그 이상의 시간이 필요했으나, 현재 추진되고 있는 한국형 도시재생 뉴딜사업은 4년이라는 정해진 시간과 막대한 예산, 단기적이고 성급한 성과 기대 등이 어우러져 모든 주체에게 큰 부담을 주고 있으며 특히 도시재생이라는 개념도 학습도 되지 않은 주민에게 강요 아닌 강요로 이미 현장에서는 엇박자가 나오고 있는 실정이다." 한국의 도시재생 뉴딜사업은 왜 시간에 쫓겨 막대한 예산을 쓰면서도 성과 내기에만 급급하다 끝나버렸을까? 2018 도시재생 한마당에서 나온 국토부의 도시재생 뉴딜사업 핵심 관계자의 말을 통해서 이유를 짐작해볼 수 있다.

"도시재생 뉴딜사업을 시작하게 된 이유는 원도심의 쇠퇴가 너무 심각했다. (중략) 다른 정부가 들어서면 제대로 사업을 하기 힘들다. 비판이 있다면 수용하겠다. 물량 위주다, 속도가 빠르다는 비판이 있다. (중략) 지방 도시의 쇠퇴를 사전적으로 예방하고 활력을 제공할 수 있는 정책적 수단이 있다면 압축적으로 진행할 수밖에 없는 현실에 처해 있다."

원도심의 쇠퇴가 너무 심각하다고 판단해서 지역별로

1~2년마다 성과를 내라고 물량을 퍼부어 압축적으로 속도를 높인 결과, 사업이 끝나자 그때 지은 건물들이 곳곳에 방치되고 있다. 하드웨어적인 성과를 빨리 남기기 위해 확실한 용도 결정 없이 일단 시설부터 지어놓고 본 결과다.

로컬 브랜드 상권 사업의 핵심 관계자들이 하는 이야기도 비슷하다. 지방 소멸이 심각하기 때문에 젠트리피케이션이 일어나더라도 빠르게 핫 플레이스를 만들어 관광객이 오게 해야 한다는 것이 그들의 주장이다. 지역 주민들이 스스로 무엇을 할지 결정하는 일은 중요하지 않고, 그럴 시간도 주어지지 않는다.

몇 년 전 '요코하마 미나토미라이21' 도시재생 담당자 야와타 후토를 만났을 때 100년 계획을 가지고 진행하는 마치즈쿠리(마을 만들기)가 중요하다는 얘기를 듣고 매우 놀랐다. "1965년부터 구상한 도시재생 과정에서 권리 조정, 버블 경제 붕괴, 리먼 사태 등으로 정체되는 시간이 있었다. 그 공간에 아파트를 지었으면 5년 만에 끝낼 수도 있었지만 다양한 기능(상업·업무·문화·관광을 비롯한 기능)을 집적시키기 위해 아직도 진행 중이다. 100년 계획을 가지고 하는 마치즈쿠리가 중요하다."

2019년 인천 도시재생 산업박람회에서 독일의 하펜시티 항만 도시재생 관계자가 강연을 했다. 그는 독일의 하펜

시티 항만 도시재생의 마스터플랜이 나오기까지 무려 10년 이상 전문가 토론을 거쳤으며, 최소 25년 이상 재생 작업을 진행한다고 했다. 그에 반해 인천의 항만 도시재생 마스터플랜은 3개월 만에 나왔고 5년 안에 사업을 끝내야 한다고 들었다.

일본에서도 재생이 잘된 지역은 대개 30년 이상 공을 들인 지역이라고 한다. 그 정도 시간을 들여야 주민들이 스스로 무엇을 할지에 대해 최소 몇 년간 토론하고 의견과 힘을 모아 제대로 해나갈 수 있을 것이다. 그에 반해 한국의 도시재생, 로컬 관계자들은 매우 조급하다. 사업을 추진하는 정권 내에 성과를 내야 한다는 급한 마음이 앞서기 때문일까? 원도심 쇠퇴, 지방 소멸을 극복할 시간이 촉박한 게 아니라 자신들이 성과를 내야 할 시간이 촉박하다고 느껴서일까?

2020년에 출간된 『마을의 진화』(반비)라는 책은 일본의 산골 마을 가미야마의 재생 과정을 다룬다. 여러모로 흥미로웠는데, 특히 눈길을 끄는 대목은 이주자들을 위한 목조 저층 주택을 짓는 내용이었다. 두세 가구가 입주하는 목조 주택 8동을 무려 3~4년에 걸쳐서 지었는데, 지역에 한 번에 너무 많은 사람을 받아들이면 이주민과 마을 주민이 융화되지 못할 가능성 때문이라고 한다. "천천히 수년에 걸쳐 짓고 조금씩 이주해 오는 사람들을 지역이 받아들이게 하고 싶습니다."

몇 년 안에 사업을 끝내야 하고 한시라도 빨리 '핫플'을 만들어 골목마다 관광객이 넘치게 하고 싶은 한국의 재생·로컬 관계자들이 이런 시간을 받아들일 수 있을까? 재생과 로컬 브랜드 관계자들이 정책을 집행하는 유한한 시간, 성과를 내야 하는 촉박한 시간에서 벗어날 때 비로소 참된 로컬의 변화가 시작될 것이다.

로컬 브랜딩의
현재와 미래

전충훈 지역활성화랩 마르텔로 랩장

쇠를 깎던 시절, 캠CAM, Computer Aided Manufacturing을 배웠었다. 서버와 워크스테이션(웍스)을 이때 처음 접했다. 이때 웍스는 어떤 급의 컴퓨터가 아니라, 서버의 자원을 할당받아 사용하는 단말기 비슷한 거였다. 시간이 흘러, 미국 가서 살겠다고 MCDBAMicrosoft Certified DataBase Administrator를 공부했다. 윈도우 NT에 깊이 있게 접근하는데 '로컬'이 등장했다. 로컬은 이전의 웍스와 다르게 독립적으로 돌아가고, 자신의 자원을 가지고 움직였다. 그러면서 중요해진 것이 네트워크였다. 로컬 호스트, 로컬 서버, 로컬리티 등이다. 우리가 흔히 아는 랜LAN은 'Local Area Network'다. 한정된 공간에서의 연결을 의미한다.

내가 흥미롭게 지켜본 것은 '로컬리티'였다. IT에서의 로컬리티는 메모리 장치로부터 정보가 참조될 때 시간적·공간적·순차적으로 분포가 집중되는 것을 말하는 개념이다. 특정 클러스터의 기억 장소들에 대해 참조가 집중적으로 이루어지는 것을 공간 지역성, 최근 사용됐던 기억 장소들이 집중적으로 액세스되는 것을 시간 지역성이라고 한다. 시간과 공간의 축이 생기는 것을 지역성(로컬리티)이라고 부른다.

인문학적으로 보면 "로컬리티 연구는 근대 이후 유럽을 중심으로 구축된 세계 질서를 비판적으로 사고하는 것에서 출발한다".* 이 세계 질서란 유럽은 보편, 비유럽은 야만이라는 것이다. 일국 체제 내에서도 지역은 중앙을 위해 존재하는 부수적이고 추상적인 공간으로 포지셔닝된다. 신자유주의는 이를 더욱더 부추긴다. 로컬리티는 이런 것들을 비판적으로 사고하는 데서 출발한다.

"로컬리티는 탈식민성, 소수성, 타자성, 주변성, 차이성, 다양성 등의 개념과 쉽게 결합한다. 그래서 기존의 지역학

---

* 이재봉, 「로컬리티 연구의 의의와 과제」 〈대동철학〉 53호, 대동철학회, 2010.

이나 지리학 등에서 인식하는 것처럼 '로컬'은 고정된 불변의 개념으로만 파악하기 어렵다. 로컬은 다른 지역이나 장소와 끊임없이 관계를 맺고 있는 프랙탈 같은 것이다."[*]

IT와 결부해서 보면 중앙이란 것이 존재했고 종속된 개념들이 있었지만, '로컬'은 독립적인 것이 되며, 향후 모두가 서버가 되고 클라이언트가 되는 P2P까지 탄생한다. 모두가 중심이 되는 세상, '로컬'의 탄생이다.

고유성을 품은 다양성

언젠가부터 지방, 지역, 동네, 마을 등을 굳이 '로컬'이라고 부르는 사람들이 등장하기 시작했다. 여러 배경과 요인이 있겠지만 그중 하나는 국가와 개인에 대한 관점의 변화다. 과거에는 지역, 커뮤니티, 개인은 국가를 구성하는 부속품 정도였으며 국가를 한 덩어리로 인식했다. 그런데 지역의 총합이 국가의 질을 결정한다는 관점으로 바뀌기 시작했다. 지역은 커뮤니티와 개인으로 이루어져 있다. 개개인 삶의 총합이 지역을 구성하고, 지역의 총합을 국가로 인식하

[*]   앞의 논문.

는 시대에 접어들었다.

지역 내에서 개인의 삶들이 큰 시간의 축을 켜켜이 타고 내려오며 쌓이면 문화가 되고, 문화가 현재의 흐름과 만나면 삶의 양식인 생활 양식이 된다. 개인과 커뮤니티를 재인식하고 재해석하게 된 세계에서 '생활 양식'은 소위 로컬 신에서 가장 중요한 단어가 된다.

로컬 콘텐츠와 비즈니스의 성지라고 불리는 포틀랜드를 수차례 방문하고 머물며 다양한 사람과 만난 후에 깨달은 포틀랜드의 정체성은 '내가 잘 살기 위해 연대하는 사회'였다. 우리가 흔히 혼동하는 부분이 커뮤니티는 '나'들로 구성된 것임에도 불구하고 '나'를 놓치고 공동체를 세상의 중심에 두는 것이다. 비약하자면 공동체를 위해 나를 희생하고, 공동체가 잘되면 나도 잘될 것이라는 환상을 품는다. 트리클 다운*이 경제와 서민을 살린다는 미신에 가깝다.

포틀랜드 사람들의 관점은 그렇지 않다. 내가 잘 살기 위해서는 연대를 할 수밖에 없다는 시각이다. 나를 버리고 연대해야 한다는 것과는 확연히 차이가 난다. 이런 시각은

---

*   낙수 효과와 같은 의미로, 대기업이나 재벌, 고소득층과 같은 선도 부문의 성과가 늘면 중소기업, 저소득층 등에게도 혜택이 돌아가 전체적으로 경기가 활성화된다는 이론이다.

포틀랜드가 '세상에서 가장 내가 나다울 수 있는 곳'이라는 자부심에서 기인한다. 이러한 특성은 포틀랜드를 로컬 콘텐츠와 비즈니스가 가장 활발한 곳으로 만들어준다. 포틀랜드인이 삶을 바라보는 시각과 영위해가는 자세, 태도에는 고유성과 다양성이 스며 있다('포틀래디언portladian'이라는 말이 그냥 나온 것이 아니다).

이를 통해 '로컬'에는 삶으로 수렴되는 모든 것들이 녹아 있으며, 로컬의 핵심 가치는 '고유성을 품은 다양성'임을 알 수 있다. 로컬 브랜딩은 여기서부터 출발한다.

로컬 브랜딩의 변화 과정

로컬의 레이어는 크게 세 가지 정도로 분류된다. 지역 자원을 활용해서 창의적인 영리 비즈니스를 하는 소상공인들이 모인 공간, 전통적인 해석으로서 지금은 옅어지고 있는 '도시 대비 농촌' 혹은 '서울 대비 지방', 내가 발을 딛고 살아가는 곳으로서 삶의 터전 등이다. 로컬 브랜딩은 위의 레이어를 다양한 방식으로 표상하는 것이기도 하다.

로컬 브랜딩은 이전에 지역 브랜딩, 도시 브랜딩, 장소 브랜딩으로 불리기도 했다. 지역 브랜딩은 농수산물, 여행을 견인하는 랜드마크나 문화유산 등의 소비 혹은 관광을 촉진하는 수단으로 활용되어왔다. 전국의 수많은 관급 농수산물 통합 브랜드, 지역명 앞에 붙는 캐치프레이즈 등을 떠올리면 된다.

도시재생, 지역 혁신, 균형 개발 등과 같은 지역 활성화 사업들이 시행되면서 로컬 브랜딩은 지역 자체를 브랜딩하는 방식으로 변화한다. 대구 북성로, 광주 양림동, 공주 제민천 등은 지역에 무엇을 억지로 갖다 붙이지 않고 지역 그대로를 브랜딩한 곳이다. 이렇듯 지역의 물적·인적 자원을 발굴 및 해석하고 창의적인 방식으로 재구성해서 해당 지역이 타 지역과 구별되는 정체성을 가지게 하는 일련의 과정을 로컬 브랜딩이라고 부른다. 로컬 브랜딩은 특히 앞서 언급한 '굳이' 로컬이라고 말하는 사람들과 지역을 다양한 방식으로 변화시키려는 시도들이 등장하면서 기존의 브랜딩 방식과는 다른 길을 걷게 된다.

이 지점에서 놓치지 말아야 하는 것은 '삶'이다. 상업 행위가 펼쳐지는 곳이든, 어딘가와 대비되는 개념으로서의 공간이든 모두 삶이 작동하는 공간이라는 점을 잊지 말아야 한다. 활동이, 사업이 끝나더라도 우리의 삶은 계속되기 때문이다.

주민들의 삶을 브랜딩하는 실험

2000년대 초 공공 영역의 주요 의제는 '뭔가 새로운 것이 없나'였다. 질문의 주체는 행정이고, 대상은 민간이었다. 이런 질문에 피로감을 느낀 사람들은 있는 것도 제대로 못 쳐내고 있으면서 뭘 자꾸 새로운 걸 찾느냐며 질타했다. 그런데 행정은 끊임없이 새로운 것을 할 수밖에 없는 구조다. 행정 내부에서는 실적과 성과에 기반을 둔 승진이 중요한 기제이므로 전임자와는 다른 길을 가야 한다. 같은 사업이라도 '새로움'을 뽑아내고 건져 올려야 한다. 그래서 새로운 것을 요구하는 질문을 했다. 문제는 진짜 새로운 것을 하지 못하고 새로워 보이는 것을 하는 데 있다.

2010년 이후가 되면서 이 질문은 더 구체적으로 변한다. '우리 지역에 인구가 유입하려면 어떻게 해야 하나.' 지난 질문과 유사한 질문이었기 때문에 전문가들은 비슷한 결론을 도출했다. '지금 살고 있는 사람도 힘겨운데 뭘 어떻게 유입시킨다는 말인가. 살고 있는 사람을 행복하게 만들면 오지 말라고 해도 온다'는 것이다.

저출생의 늪에서 인구가 늘어나지 않는 이상, 다른 지역에서 인구를 빼앗아 올 수밖에 없다. 삶의 터전은 쉽게 버리지 못한다. 여기서 저기로 이동하려면 저쪽이 상당히 매력적이어야 한다. 지역이 가진 매력 요소들은 매우 다양한데 개인과 커뮤니티, 생활 양식의 시대가 도래하면서 해당 지역에서 살아가는 사람들의 삶의 양태가 매우 중요한 요소가 됐다. 말하자면 이런 말을 외치게 됐다. "우리 이렇게 재미있게 살고 있어요! 여기 와서 한번 살아보실래요?" 살맛 나는 지역을 만들면, 찾아오는 마을이 된다. 유입을 위한 요소에 집중하지 말고, 지역에서 살아가는 사람들의 삶에 집중하는 것이 오히려 유입을 더 촉진한다.

지역의 DNA, 그리고 자생적 창조 역량 강화

사람들은 각기 다른 DNA를 품고 있다. 지역 또한 고유의 DNA가 있다. 이는 지역에서의 삶에 반영되고, 자생적인 창조 역량을 이끌어낸다. 창조 역량이 이미 발현된 곳들은 이를 강화해나가게 하고, 드러나지 않은 곳들은 잠재력을 발굴하고 역량을 터뜨려주는 것이 로컬 브랜딩이다.

로컬 브랜딩은 지역 내에 점으로 흩어진 요소들을 선으로 연결하고 면으로 확장하며 구조를 구축해나가는 활동이다. 지역에서 개별적으로 약진하고 있는 것들을 묶어서 더 큰 시너지를 낼 수 있도록 구조화하는 작업이다. 이를 통해 더 나은 지역의 정주 여건을 만들어 살맛 나는 지역으로 재구성하고, 사람들이 찾아오는 지역으로 도약할 수 있다.

지역에 있는 것을 재료로 지역 사람들이 작고 사소하지만 지역과 지역민을 위한 무언가를 만들어낼 수 있는 힘이 지역의 자생적 창조 역량이다. 지역은 사람들이 살아가는 삶의 터전이고 어떻게든 삶은 계속된다. 그래서 지역 안의 사람을 깊이 있게 들여다보아야 한다. 결국 '사람'이다. 주체가 보이지 않는 하드웨어 조성과 개선에만 몰두하거나 지역의 현실, 주민의 삶과 동떨어진 계획을 위한 계획은 의미가 없다. 우리 지역의 '지금, 여기'를 파악하는 것이 가장 중요하다. 우리 지역은 지금 어떤 상태인가, 어떤 사람들이 있는가, 이 사람들의 역량은 무엇인가에 초점을 맞춰야 한다. 더불어 지역에 무엇이 있었고, 무엇이 있는지를 유심히 관찰하고 해석해야 한다.

행정안전부는 이러한 가치와 지향을 바탕으로 '생활권 로컬 브랜딩' 지원 사업을 설계하고 시행 중이다. 생활권은 생활 양식이 구현되고 일상생활이 영위되는 공간이다. 생활권을 더 살맛 나는 곳으로 만드는 마스터플랜을 수립하고, 지역의 정책, 사업, 프로그램, 콘텐츠 등을 맥락적으로 연결해서 해당 지역의 생활 양식을 뾰족하게 드러내고 부각할 수 있는 지역의 고유성을 정립해나가는 사업이다.

로컬 브랜딩은 단순히 지역 경쟁력을 강화하거나 차별

성을 부여해 방문객 수를 늘리는 것이 아니다. 지금까지 호명되지 않았던 지역이 제대로 호명되고, 지역의 가치가 드러나서 지역민의 마음을 끌며 지역에 의미가 부여되는 과정이라고 볼 수 있다. 꽃은 꽃이라고 불러줄 때 꽃이다. 우리 지역도 '신나는 곳이다'라고 불러줄 때 살맛 나는 곳으로 자리 잡을 수 있다.

무채색의 심심한 일상만 존재한다고 여겨지던 지역이 로컬 브랜딩을 통해 다채로운 색깔로 넘쳐나고 일상의 단조로움에서 벗어나는 활동들로 채워지게 된다.

로컬 브랜딩의 미래: 평평해진 세상, 존재의 이유

드레이크를 들으면 1990년대 초~2000년대의 음악들이 떠오르는데, 볼티모어 클럽에서 영향을 받은 저지클럽이라는 장르다. 저지클럽을 아이돌 신에서 들으리라고는 생각지도 못하다가 뉴진스의 음악을 듣고 깜짝 놀랐었다.

2010년부터 본격적으로 좋아했던 저지클럽 때문에 깨달은 것이 '로컬 투 로컬local to local', '글로컬glocal(global+local)'이다. 뉴저지의 DJ 타밀은 시카고 하우스 음악을 플레이하다가 한계에 봉착해 새 음악을 구하러 옆 동네인 볼티모어로 가서 드럼 브레이크를 발견하고 볼티모어 장르의 앨

범을 죄다 사버린 후 크레디트에 있는 모든 사람에게 연락을 돌린다. 그중에서 버니라는 사람을 만나 음악을 공급받다가 버니가 죽고, 직접 개척해야겠다는 생각을 한 타밀이 볼티모어 사운드를 로컬화하며 브릭시티클럽이라는 이름을 거쳐 저지클럽이라는 장르가 탄생한다.

'클럽 뮤직'은 크게 세 개의 사운드로 나뉜다. 볼티모어, 저지, 필리. 세 지역의 음악은 비슷해 보이지만 색깔이 다 다르다. 지역성이 도드라진다. 나아가 로컬 음악이 세계의 음악을 선도하는 일까지 벌어진다.

동네 음악이란 건 인디까지 거슬러 올라가는데 인디는 장르가 아니고 형태다. 인디는 독립을 의미하는데, 어디로부터의 독립인가? 자본으로부터의 독립이다. 음악이라는 분야는 만국 공통이지만, 음악 안에서 풀어내는 지역성이란 게 있다. 이게 로컬이다. 로컬의 DNA가 중요한 이유다.

세상이 평평해졌기에 실시간으로 글로벌 콘텐츠를 접하고, 웬만한 기술들은 다 나와 있다. 이곳의 콘텐츠는 빛의 속도로 저곳으로 전송된다. 로컬 투 로컬이며, 진정한 글로컬의 실현이다. 수직이었던 세상이 평평해지면서 콘텐츠는 상향 평준화되고 서로 비슷해진다. 이런 세계에서 살아남는 강력함을 보유한 것들은 고유성을 단단하게 품고 있다.

앞으로 로컬의 DNA를 품은 콘텐츠, 지역성을 기반으

로 한 비즈니스, 여기에서 살아보고 싶다는 마음이 들게 하는 로컬 브랜딩 등은 더 강화될 것이다. 로컬은 언제나 존재했으며 앞으로도 있을 삶의 공간이기 때문이다.

Part 5

로컬×매거진

LOCAL
LIFE
TREND

전통 시장을 탐방하는
로컬 기획자의 하루

김애림 로잇스페이스 공동 대표

아침이 오면 글을 찾는다. 온갖 읽을거리가 넘치는 가운데, 지금 나와 내 주변에 꼭 필요한 글을 찾는다. 어쩌면 이야기를 찾는다는 표현이 더 맞을 수도 있겠다. 고향에 돌아와 지역의 이야기를 전하는 로컬 매거진을 만드는 일을 하는 나에게 앞으로 남은 숙명이 있다면, 묵묵히 일하며 살아온 사람들의 이야기를 하나라도 더 전달하는 것이다.

귀향을 선택한 이유

2022년 2월, 고향인 익산에 돌아왔다. 사실 돌아왔다고 표현하기에는 좀 어색한 게 스무 살 이후 학업을 이유로 익산을 떠났지만, 방학이 되면 자주 머물다 갔다. 나에게 익산은 가족과 이웃이 있는 곳, 익숙한 골목길과 단골 가게가 있는 도시였다.

그렇다고 그리움과 애향심만으로 익산에 돌아온 건 아니다. 심리적으로 지친 부분도 있었지만, 당시 결정하는 데 큰 부분을 차지하진 않았다. 도시 공학을 전공하며 2018년부터 도시재생과 마을재생의 개념을 익혔다. 학년 초반에는 거시적인 관점의 '도시 계획'과 미시적 관점의 '도시 설계'를 구분해 학습한다(물론 더 세부적인 차이가 있지만 간단히 설명하면 그렇다). 하드웨어 중심의 도시 계획보다 소프트웨어와 사람 중심으로 이야기하는 도시 설계에 더 흥미를 느꼈던 터다.

구체적인 계기는 2020년 2학기 대학원 수업인 '주민 참여 도시 설계' 강의에 참여한 것이었다. 지역 소멸과 저성장 시대에 주민이 직접 오래된 건물을 고치고 장소를 천천히 되살리는 '삶터 재생'의 흐름을 살펴보고 이론과 사례를 연구했는데, 해당 수업은 수평적 구조의 마을재생 방법인 전국의 '마을호텔' 사례를 취재해 책으로 출판하는 과정이었다.

앉아서 하는 연구가 아닌 직접 지방 도시를 탐구하고, 변화를 이끌어간 주역들을 인터뷰하며 한 학기를 보냈다. 당시 공주의 퍼즐랩 사례를 맡아 권오상 대표와 이야기를 나눴는데, 자신을 '먼저 온 여행자'라고 표현하며 여행객과 주민을 자연스럽게 연결해 마을에 활력을 불어넣는 모습이 인상적이었다. 작은 마을 단위는 사람 '한 명' 혹은 '한 팀'의 역할이 굉장히 중요하다. 그 '한 명'이 되고 싶어 졸업 후 익산에 돌아왔다.

익산은 2024년 기준 인구 26만 명 정도의 중소 도시이며, 군산과 전주 사이에 있다. 전라북도에서 세 번째로 인구가 많은 도시다. 도농 복합 도시로, 차를 타고 15분만 나가면 넓은 자연을 만날 수 있고, 시내에 대규모 의료 시설과 편리한 교통 시설이 있는 게 장점이다. 특히 익산역은 호남에서 가장 바쁜 역으로, 전라선, 호남선, 장항선이 만나고 서울과 지방 곳곳을 KTX로 편하게 이동할 수 있다는 점도 좋았다. 그렇게 태어나 처음으로 살기로 선택한 도시, 익산을 다시 만났다.

첫 번째 동료를 만나다

돌아온 첫해 봄에는 산책을 많이 했다. 차 탈 때보다 걸어서 이동하면 골목 풍경이 더 잘 보인다. 저번 주에 갔던 길을 오늘 또 걸으며 새로 핀 꽃을 발견하고, 계절의 변화를 느끼며 도시의 속도를 익혔다. 차츰 마을의 변화를 만드는 '한 명'이 되기 위해 당장 어떤 일을 해야 하는지 몰라 막막함이 밀려왔다. 무작정 고향에 오긴 했지만, 당시 대학원을 막 졸업한 상태라 돈도, 아는 사람도 없었다. 가진 건 젊음과 체력뿐이었다. 당장 할 수 있는 일부터 시작했다. 카메라를 들고 무작정 밖으로 나가 사람들을 만났다.

살기로 결심하고 둘러본 도시의 모습은 이전과 사뭇 달랐다. 오래된 가게가 동네의 역사처럼 느껴지고, 동네 어르신이 들려주는 옛이야기가 도시의 오랜 과거를 설명해주는 듯했다. 학창 시절부터 자주 가던 가게에서 오랜만에 사장님과 안부를 묻고, 대화를 나눴다. 골목 곳곳의 익숙한 듯 새로운 풍경을 눈과 카메라에 담고 SNS에 올렸다. 아무도 궁금해하지 않았지만, 이야기를 쌓다 보면 결정적인 한 방이 있을 거라 확신했다. 누군가 알아주길 바라면서, 혹은 미래의 나를 위해서.

2022년 5월, 인스타그램으로 한 통의 메시지가 왔다. 함께 프로젝트를 만들어보자는 제안이었다. 메시지의 주인공은 대학 시절 대외 활동에서 만난 동갑내기 '하얀'이다. 당시에는 지역도 팀도 달랐기에 별다른 접점 없이 각자의 위치로 돌아가 서로의 존재를 깨끗이 잊고 살았다. 그래서 하얀에게 온 연락은 너무나 뜻밖이었다. 하지만 마치 기다려

온 듯한 반가운 마음이었고, 어렴풋이 하얀의 똘망똘망한 이미지가 떠올라 서둘러 답장을 보냈다. 이 메시지가 나의 미래에 결정적 한 방이 될 수 있겠단 확신이 들었다.

우리는 다음 날 줌zoom에서 만났다. 5년 만이었다. 초반에는 그동안 묵혀둔 이야기를 꺼내는 데 시간을 썼다. 서로 살아온 얘기와 앞으로 하고 싶은 일에 대한 이야기를 나누는데, 그 순간 얼마나 행복하고 흥이 났던지. 우리는 미래를 이야기하며 여러 눈빛과 마주했다. 그 눈빛을 어떻게 설명하면 좋을까. 일관적으로 내뿜던 메시지를 간단하게 표현하면 '너도?'라고 말할 수 있을 것 같다. 한 명이 "저 이거 하고 싶었어요"라고 말하면 상대의 눈 속에서 발하던 '너도?'라는 빛. 눈빛을 교환하며 나머지 한 명이 이렇게 대답하곤 했다. "저도 하고 싶었어요. 같이 해요!" 우리는 온라인과 오프라인을 넘나들며 사업을 구상했다. 자연스레 서로의 동료가 됐다. 혼자 힘으로만 할 수 있는 건 생각보다 많지 않기 때문이다. 그렇게 '한 명'에서 '한 팀'이 됐다.

로컬 매거진 탄생기

동료를 만나고 본격적인 취재를 시작했다. '지역의 작은 이야기를 전하자'는 눈빛에서 시작된 일이었다. 우리가 찾아간

곳은 익산의 원도심인 중앙동이었다. 중앙동은 익산역을 품은 동네로, 오래된 가게들이 즐비한 오랜 역사를 지닌 곳이다. 현재는 도시가 확장하면서 유동 인구가 줄어들고 한적한 곳으로 남았다.

초반에는 요령도 없이 무작정 다가갔다. 골목길을 돌아다니다 오래돼 보이는 가게에 들어가 "사장님 혹시 제가 인터뷰 촬영해도 될까요?"라고 물었다. 애석하게도 대답은 대부분 거절이었다. 그렇다. 그들은 나에게 인터뷰해줄 의무가 없었다.

몇 차례 거절을 당한 뒤 카메라 없이 손님으로 다가가기 시작했다. 40년 된 기름집에 방문해 참기름을 사면서 이야기를 나누고, 40년 된 미용실에서 머리를 자르며 사장님들과 수다를 떨었다. 익산에 언제부터 살았고, 어떤 마음으로 장사를 시작했으며, 어떻게 지금까지 이어질 수 있었는지에 관한 이야기들이었다. 라포를 쌓은 후 조심스럽게 촬영을 요청하니 드디어 수락하는 분이 생겼다. 첫 번째 인터뷰이는 중앙시장 시장기름집의 임경숙 사장님이다. 그동안의 수다를 자료 조사 삼아 질문지를 작성했다.

영상 촬영은 첫 동료인 하안에게, 사진 촬영은 중학교 동문인 포토필스튜디오 가영 작가에게 부탁했다. 주변의 힘을 보태 첫 촬영을 나갔다. 인터뷰어의 역할은 좋은 질문을 던지는 것도 있지만, 우선 상대방의 이야기를 잘 들어야 한다. 잘 듣고, 잘 말하는 스킬을 점점 습득하며 7월과 8월, 두 달 동안 여덟 명의 동네 이웃을 만나 촬영을 마쳤다.

결과물을 매거진으로 제작하면서 읽어줄 사람이 필요했다. 정확히는 책을 구매해 읽어줄 사람이 필요했다. 인쇄비는 텀블벅 펀딩을 통해 모금했다. 감사하게도 95명의 후원자가 모여 333만 원의 인쇄비를 마련했다. 그렇게 익산의 전통 시장을 취재한 기록을 담은 출판물이 세상에 나왔다. 〈비마이크Be mike〉 매거진 창간호였다.

'전통 시장'을 선택한 이유

지역의 이야기를 찾기 위해 원도심으로 들어갔고, 오래된 가게를 찾다 보니 자연스레 전통 시장 안으로 진입했다. 시장의 특징은 가게 문이 없다는 점이다. 떡을 사러 떡집에 갔는데 사장님이 자리를 비운 상태면 옆집 김치가게 사장님이 나와 계산을 도와주기도 한다. 문이 없으니 자유롭게 드나들고, 시장 거리 전체가 마을처럼 느껴지기도 했다.

예측하건대 정을 기대하고 무턱대고 시장에 가면 조금 실망할지도 모른다. 북적이는 시장에서 손님을 반갑게 맞이하고 넘치는 인심으로 '덤'을 팍팍 넣어주는 모습을 상상했다면 말이다. 이건 반은 맞고 반은 틀린 얘기다. 상인들은 생각보다 아무에게나 호락호락하게 정을 나눠주지 않기 때문이다. 생각해보니 당연한 일이었다. 누군가에게 정을 베푸는 건 에너지가 많이 쓰이는 일이고 그걸 매일 해낼 사람은 많지 않다. 그럼에도 반이나 맞는다고 한 이유는 찾아보면 분명 존재하기 때문이다. 드라마나 언론에서 시장을 살리기 위해서 이미지 메이킹을 한 것이 아니라 요즘에도 분명 존재하는 모습이다.

시장 하면 생각나는 풍경이 있다. 특유의 소박하면서도 북적이는 기운, 가족인지 동료인지 구별이 안 되는 친밀감. 옆집에서 수십 년을 넘게 같이 희로애락을 느꼈는데 가족인지 친구인지가 뭐가 중요할까. 시장은 지역공동체 문화가

익산에서 가장 오래된 미용 학원의 최윤경 원장을 인터뷰하는 모습.

싹트는 곳이다. 동네 사람이 모여서 나눈 대화는 그들의 삶 속에서 확장되고 퍼져나간다. 그래서 시장 없는 동네는 삭막하다. 취재하며 가장 좋았던 점은 인사 나누는 이웃이 많이 생겼다는 점이다. 서로의 이름과 나이를 알고 익명에서 벗어나 인생 이야기까지 듣다 보니 비로소 동네가 입체적으로 보이기 시작했다.

매거진 발행, 1년 후

당연한 이야기지만, 책 한 권 낸다고 세상이 달라지진 않는다. 산고를 겪은 듯한 고통과 뿌듯함은 그저 기획자의 몫이었다. 오히려 많은 사람의 걱정을 한 몸에 사기도 했다. 출판은 사양산업인데 괜찮냐, 그중에서도 매거진은 더 좁은 영역에 속하는데 괜찮냐며 안부를 자주 묻는다. '돈이 되느냐'는 질문은 특히 많이 받았다.

　　내가 말하고 싶은 건, 지방 도시에 살면서 하고 싶은 일을 하는데도 생각보다 먹고살 만하다는 점이다. 수도권에 있을 때는 사는 만큼 벌어야 했는데, 익산에서는 버는 만큼으로도 살아진다. 지방의 일자리는 부족하지만, 일거리는 넘쳐난다. 책을 내고 동네에서 쓸모를 인정받아 콘텐츠 제작자와 기획자로서 쓰임을 해내는 중이다.

지역의 이야기를 찾겠다며 고향에 온 지 2년 반이 됐다. 아직 무언가 결과를 내기에는 부족한 시간이고, 앞으로 쌓아가야 하는 시간이 더 많다. 그렇지만 이만큼 왔다. 매달 받는 월급이 생기고 그 돈으로 식비를 댔다. 어디 그뿐이랴. 가끔 들어오는 강의비로 사고 싶은 책도 사고, 좋아하는 단골 가게에서 커피도 마셨다. 내가 쓰고 싶은 글을 썼고, 만나고 싶은 사람들을 만났다. 이런 몰두 속에서 '거의 모든 것'을 누렸다고 할 수 있다. 나에겐 기록과 동네에서 만난 이웃이 생겼다. 그들이 있어 앞으로의 익산살이도 두렵지 않다.

보통의 삶의 이야기를 찾아 나선 여정, 로컬의 공간

정지연 〈브리크〉 발행인

〈브리크brique〉의 정체성을 묻는 이들이 많다. 건축 잡지인가, 디지털 아카이브인가, 라이프 스타일 매거진인가, 온라인 미디어인가. 첫선을 보인 지 7년이 다 되어가지만 이 질문을 아직도 받는 걸 보면 기획이 잘못됐나 싶기도 하고, 목표가 이렇게 구현되나 하는 생각도 든다.

나는 건축학이나 도시학, 지역학 전공자가 아니다. '세상 곳곳을 다니며 다양한 사람의 살아가는 이야기를 기록하겠다'는 어릴 적 꿈을 다큐멘터리 PD가 되어 풀어보겠다며 미디어를 전공했다. 그러나 현실에서 갖게 된 직업은 신문 기자로, 대한민국 경제 성장 과정에서 기술 산업 분야의 도전을 기록하는 역할을 20년간 맡았다. 덕분에 누구보다 빠르게 다양한 이슈를 효과적으로 퍼블리싱하는 노하우를 쌓은 것 같다.

〈브리크〉는 급변하는 환경 속에서 나의 앞선 직업에 대한 회의감을 극복하고, 지속 가능한 콘텐츠와 미디어가 무엇인지를 찾는 탐색 과정에서 탄생했다. 기록자로서 좌표를 점검하고 앞으로 나아갈 방향을 모색하는데, 어릴 적 품었던 마음이 꿈틀거렸다. 보통 사람들의 다양한 삶의 이야기. 그걸 흩날리지 않게 담는 방법. 이 같은 목표를 이정표로 삼고 출항했고, 여전히 그 여정 중에 있다.

콘텐츠를 담는 그릇, 삶을 담는 그릇

〈브리크〉는 '도시 골목에 사는 사람들의 일상의 공간'이라는 콘텐츠 범주를 정하고 시작했다. 도시, 공간, 사람이라는 키워드가 여기서 나왔다. 도시를 다니며 공간의 사례를 쌓고, 그 공간에 사는 사람의 이야기를 담는다는 콘텐츠 생산 프로세스도 자연스럽게 도출됐다. 여기에 공간을 누적해 보여줘야 하기 때문에 아카이빙 구조와 데이터베이스DB 설계가 필요하다는 것은 미리 알았다.

반면에 종이 잡지라든지, 인터넷 신문이라는 매체적 형태는 특정하지 않았다. 대신 '온오프라인 미디어'라는 다소

두루뭉술한 용어로 정체성을 표현했다. 고도의 전략이 있었던 것은 아니지만, 기술과 환경 변화에 따라 그릇은 계속 바뀔 수 있으리라고 봤다. 언젠가는 영상이 주력이 되리라는 생각도 했다. 또 콘텐츠를 더욱 효과적으로 실어 나를 수 있는 방법을 찾겠다는 나름의 각오도 담았다.

보통 사람들의 삶의 이야기를 '공간'을 매개체로 풀어내다 보니 원하든 원하지 않든 '건축 잡지'라는 정체성을 띠게 됐다. 그도 그럴 것이 삶을 가장 극적으로 담은 공간이 집이었고, 이 집을 취재하기 위해서는 반드시 건축가의 도움이 필요했다. 집은 개인의 영역이라 접근 자체가 쉽지 않았는데, 건축가들은 자신의 작업 결과물을 매체에 알려서 잠재 고객을 발굴하고자 하는 욕구가 있었기에 연결자 역할을 적극적으로 해줬다. 또한 거주자가 왜 집을 지었고, 어떻게 살고 싶은지에 대한 정보를 누구보다 잘 정리해 보유하고 있어 매체로서는 최고의 취재원이었다.

〈브릭〉의 전신인 〈매거진 브릭MAGAZINE BRIQUE〉는 집에 집중해 해당 건축가와 협업을 통해 만들었기 때문에 건축 잡지라는 평가를 받은 것은 당연한 결과였다. 뒤집어 생각해보면 부족한 매체를 인정해준 감사한 평가가 아닐 수 없다. 2017년 11월 첫선을 보인 〈매거진 브릭〉는 창간호를 내놓자마자 큰 반향을 불러일으켰다. 일간신문과 월간지 등 기성 매체에서 기사를 꽤 다뤄줬고, 교보문고 광화문점 등 주요 매장에서 눈에 띄게 진열해주면서 입소문을 탔다.

'독특한 두 집의 외관을 앞뒤 듀얼 커버로 싣고, 종이 잡지 중 가장 큰 타블로이드 판형을 채택한 데다, 가격도 1만 9,600원이나 하니 남다를 수밖에······'는 우리의 자화자찬이었고, 기존 매체가 주목한 점은 '종이 잡지 폐간이 줄 잇는 상황에서 독립 잡지 대거 시장 진입'이라는 관점이었다. 그도 그럴 것이 〈여성중앙〉을 비롯해 유수의 매체가 휴·폐간되던 시기와 〈우먼카인드〉, 〈뉴필로소퍼〉 등이 창간된 시기가 겹쳤기 때문이다.

지금 생각해보면 종이 잡지 폐간과 독립 잡지 창간을 평행선에 두고 평가했다는 점이 상당히 모순되지 않았나 싶다. 종이 잡지라는 매체의 형태보다 기존 월간지가 다뤘던 콘텐츠와 편집 방향에 대한 평가가 우선이어야 하지 않았을까. 후발 독립 잡지들은 형태는 종이 매체였지만 거기에 담긴 콘텐츠도, 사안을 바라보는 시각과 편집도 정말 많이 달랐기 때문이다.

〈매거진 브리크〉의 문제점은 창간호 이후 곧바로 드러났다. 상당수의 독립 잡지가 첫 호를 내놓고 이어지지 못하는 상황을 나 역시 겪었다. 창업하고, 창간호를 만드느라 모든 재원과 에너지를 집중했기 때문에 이후의 시스템과 운영

자금을 꼼꼼하게 준비하지 못했다.

판형과 종이의 선택이 이후 제작비에 얼마나 큰 영향을 주는지 알지 못한 데다, 공간 사진이 많은 콘텐츠 특성상 4도 컬러 인쇄에 울트라바이올렛UV 건조가 가능한 윤전기를 택하면서 인쇄 및 제작비가 예상보다 크게 증가했다. 텍스트의 한영 병기를 택하면서 번역에도 시간과 자원이 꽤 많이 투입됐다. 격월로 이 모든 것을 하기에는 신생 미디어로서는 감당하기가 어려웠다.

가장 큰 패착은 오프라인 공간을 만든 것이다. 북 토크를 진행할 공간이 필요해 창간호에서 취재했던 컨테이너 하우스 1층을 빌려 독자 라운지 겸 사무실로 만들었다. 격주 토요일마다 오프라인 독자 행사를 하기로 하고, 잡지에 실린 건축가들과 소규모 행사를 진행했다.

그런데 이게 여간 품이 드는 일이 아니었다. 취재를 하며 틈틈이 공간도 관리해야 하고, 월 2회라지만 스무 명 남짓의 독자를 초대해 행사를 진행하는 데 아르바이트 인력까지 써야 했다. 게다가 독자로부터 받을 수 있는 참가비는 한계가 있었다. 그러니 할수록 적자가 생기는 구조가 됐다.

결국 오프라인 행사는 몇 차례 하지 못하고, 1년이 채 안 돼 독자 라운지를 철수했다. 당시 우리에게 가장 중요한 것은 좋은 콘텐츠를 안정적으로 생산하는 시스템을 갖추고,

브랜드 인지도를 높이는 일이었다. 초짜 창업가가 흔히 겪는 실수라지만 상당히 뼈아픈 경험이었다.

라이프 스타일 미디어로 재창간

격월간지로 1년에 총 여섯 권을 만들기로 했던 〈매거진 브릭〉는 다섯 권만 만들고 휴간했다. 감당하기 어려운 제작비와 독자 라운지라는 무모한 시도 때문이긴 하지만, 더 큰 문제는 콘텐츠의 방향과 편집 기획에 있었다.

한 종이 잡지에 두 집을 앞뒤로 담아 시각적으로나 편집적으로 뛰어났고, 일부 독자는 액자까지 만들어 인테리어 소품으로도 활용했지만 유효한 구매층 확보에는 실패했다. 보기에는 좋고 눈에 띄지만 돈 주고 사기에는 비싸고, 잡지인데 집 사례가 두 채밖에 없다는 게 독자들의 평가였다. 또한 잡지에 실린 건축가들은 앞면은 자신의 포트폴리오지만, 뒷면은 다른 건축가 이야기라 자기 책이라는 느낌이 들지 않는다고 했다. 그러니 추가 구매에 대한 요청이 많지 않았다. 결국 지속 가능한 잡지가 아니라고 판단해 휴간을 결정했고, 창간을 함께했던 멤버들과 눈물을 머금고 헤어졌다.

6개월간 혼자서 새 방향을 모색하는 시간을 가졌다. 힘들었지만 아직 시작도 하지 않았다는 생각에 오기가 생겼던

것 같다. 회사를 다시 세운다는 마음으로 자금을 구하러 다
니고, 각종 정부 지원 사업도 알아보던 중 중소벤처기업부
의 초기 창업자 지원 프로그램을 발견했고, 3단계의 심사 절
차를 통과해 약 1억 원의 자금을 확보했다.

　이때 선정된 사업 계획의 핵심이 '온오프라인 공간 사
례 아카이빙과 퍼블리싱'이었다. 도시 주거 문제를 해결하
기 위해 창의적이고 혁신적인 사례와 솔루션을 아카이빙하
고 대중에게 알리겠다는 방향이었다. 중기부 자금은 콘텐츠
제작이나 잡지 창간 등의 목적으로는 확보하기 어려웠지만,
사회적 문제를 정의하고 이를 해결하기 위한 과정으로서 미
디어 스타트업으로 포지셔닝한 것이 주효했다고 자체 평가
를 내렸다.

　주어진 10개월의 사업 기간에 자금 집행 계획을 촘촘
히 짜고, 멤버를 다시 모으고, 콘텐츠 방향과 제작 프로세스
를 짜고, 해외 사례까지 취재하는 등 해당 자금을 1원도 남
기지 않고 증빙 자료를 제출할 만큼 꼼꼼하게 사업을 추진
해 〈브리크〉 창간 준비호(vol.0) 'City, Space, People'을
세상에 내놓았다.

　'위기가 기회'라는 말은 형식적으로 들려 별로 좋아하
지 않는데, 위기를 다시 도약의 발판으로 만든 시간이었던
것은 분명하다. 기자와 에디터에 머물지 않고 창업가이자

대표로 거듭나는 과정이었고, 주거·건축 잡지에서 공간·라이프 스타일 미디어로 전환하는 계기가 됐다. 그리고 나중에 알게 됐지만, 3년 이하의 초기 창업가에게 정부가 주는 지원금 심사에서는 아이디어의 혁신성이나 사업 성공 가능성보다는 창업가의 절실함과 진정성에 대해 배점을 더 높이 준다고 한다. 마지막 전문가 심사위원 집단 면접 때 "정말 필요한 콘텐츠이고 정말 필요한 자금"이라고 마무리하며 $90°$로 인사를 하고 나왔던 게 선정된 이유가 아닐까 싶다.

〈브리크〉가 공간을 토대로 한 라이프 스타일 콘텐츠라는 것은 내용을 조금만 들여다보면 금방 알 수 있다. 공공이 크게 자금을 들여 만든 문화 예술 공간도 아니고, 돈이 엄청 많은 개인이 호화로운 삶을 꿈꾸며 지은 집도 아니다. 보통의 사람이 그래도 조금 더 사람답게 살고, 건강하게 돈도 벌고 싶어서 만든 공간이 대다수다. 그래서 골목의 집과 일상의 공간이 주를 이룬다. 공간 거주자나 운영자의 이야기도 그러하다. 다만 포트폴리오를 잘 쌓아 이후 작업을 이어가고자 하는 공간 디자이너와 사진가가 실제보다 아름답게 표현한 사진들이 많아 위화감이 느껴지는 부분이 있다는 점은 인지하고 있다.

〈브리크〉의 성장 과정에서 코로나19 팬데믹은 무시 못할 영향을 미쳤다. 언제든 어디든 이동할 수 있는 자유가 지속 가능하지 않을 수도 있다는 것을 알게 됐고, 집이 인류 최후의 보호막이 된다는 인식도 생겼다. 또한 외부 활동을 하지 못하고 한곳에 머무는 시간이 길어지면서 공간이 사람에게 끼치는 영향력을 새삼 깨닫기도 했다. 관련 콘텐츠 수요가 폭증했고, 오늘의집 등 인테리어 관련 산업이 특수를 누리기도 했다. 우리도 그 수혜의 선상에 있었다. 이 시기를 거치면서 변화한 〈브리크〉의 지표를 살펴보겠다.

웹 미디어는 2019년 4월에 서비스를 시작했는데, 지난 5년여 동안 1,050여 건의 공간 사례를 아카이빙했고, 500여 건의 기획 기사를 발행했으며, 500여 건의 새로운 소식을 전하면서 월 10만 명이 방문하는 디지털 매체로 자리매김했다. 인터넷 신문 형태로 발행하고 있으며 2023년 9월 유료 구독 멤버십을 도입했는데, 전체 회원 6,000여 명 중 15%가 가입했다.

종이 잡지는 2019년 7월에 창간했는데, 총 열다섯 권을 계간지 형태로 출간했고, 호당 평균 1,500~2,000권을 판매해 누적 2만 5,000여 권을 팔았다. 에르메스, 이솝, 볼라 등 글로벌 명품 및 라이프 스타일 브랜드가 광고주로 참여했다. 당초 호당 1,000권만 찍었던 0호~5호는 전체 발행 호를 세트로 구매하는 사람이 늘면서 수량이 부족해 2쇄를 찍기도 했다.

뉴스레터는 2019년 11월 발행을 시작했는데, 매주 수요일 오전에 발행해 누적 215호를 내보냈으며, 1만 2,000여 명의 구독자가 평균 40%의 오픈율을 보이고 있다. 이는 뉴스레터 발송 시스템 플랫폼에서 상당히 혁혁한 성과를 거둔 열독률이다.

인스타그램은 2019년 2월부터 주 3회 콘텐츠 발행을 정례화하면서 큰 인기를 모았으나 릴스 등 알고리즘에 대응하지 못하면서 도달률이 하락하고 팔로워도 3만 5,000여 명에 머물고 있다.

나는 현재 〈브리크〉의 구독자 성장세가 둔화되고 있다고 판단한다. 엔데믹과 경기하강 등의 영향이 큰 것으로 보인다. 하지만 더 큰 요인은 미디어 환경과 경쟁 구도가 그새 또 변했고, 관련 콘텐츠 흐름도 달라진 점이다. 그래서 좀 더 엄중하게 현 상황을 예의 주시하고 있다. 자체 생산한 콘텐츠 없이 저작권이 개방된 콘텐츠로 공간 큐레이션만 전담하는 인스타그램 계정도 우후죽순 생겨났고, 로컬 매거진을 표방하는 1인 온라인 미디어도 기성 매체 못지않게 상당한 영향력을 갖게 됐다. 공간 사례 콘텐츠에 대한 오리지널리티를 주장하기가 어려운 시대가 됐다. 시절을 탓하거나 과거의 영광을 그리워하기보다는 독자의 반응과 변화를 보며 또 다른 대응이 필요한 시점이라고 본다.

골목의 집과 일상의 공간을 담은 '로컬'

〈브리크〉가 그간 쌓아온 공간 사례와 콘텐츠가 '로컬'의 범주에 들어간다는 걸 인식한 지는 사실 얼마 되지 않았다. 골목의 집과 공간, 그 공간을 만들고 사용하는 사람들의 이야기, 골목의 가게와 그 운영자들의 이야기, 우리가 사는 동네 이야기가 바로 로컬이었다는 것에 새삼스럽지만 고개가 끄덕여진다. 건축 또는 라이프 스타일이라는 범주만으로는 〈브리크〉를 제대로 표현하기 어려웠지만, 로컬은 '지음知音'을 만난 듯 편안하게 느껴진다. 아마 그것은 편집진이 콘텐츠 방향을 놓고 오랫동안 고민했던 시간과 독자가 다양한 통로로 반응을 보여왔던 콘텐츠의 결이 어우러졌기 때문으로 보인다.

그래서 〈브리크〉가 조금 더 집중해야 할 것은 사는 이야기가 아닐까 싶다. 공간 사례 그 자체보다 그곳에 담긴 사람의 이야기를 좀 더 귀담아듣고 함께 느끼는 쪽으로 편집 방향과 비즈니스 모델 발굴이 이어질 것으로 예상된다. 보통의 삶의 이야기를 찾아 나선 이 여정이 또 어디에 가닿을지 모르겠지만, 공간을 매개로 풀어내는 형식만큼은 크게 변하지 않을 것 같다. 그것이 건축이든, 도시든, 로컬이든.

왜 일본 잡지
그리고 〈턴즈〉인가?

양석원 자유스콜레 대표

잡지를 열심히 탐독한 일을 계기로 지금의 글을 쓰고 있을 줄은 몰랐다. 지금은 성인들을 위한 시민 학교, 인생 학교를 운영하는 일을 하지만 이 역시 하나의 점이고, 여기저기 흩어진 점들이 하나의 선으로 이어지는 계기를 만들어준 잡지 이야기를 풀어놓으려 한다.

고등학교 때 일본어를 제2외국어로 배우기는 했지만, 일본어 까막눈인 내가 일본 잡지에 관심을 가지게 된 계기는 사회 혁신이라는 주제에 대해서 많은 생각을 하면서였다. 한국의 사회 문제를 시간차를 두고 먼저 경험하는 곳이 가깝지만 먼 나라 일본이었다. 새로운 과거와 오래된 미래의 무대로 지역을 새롭게 조명하고, 지역성을 떠나 변방을 탐색하고 탐험하는 과정을 위해 선先경험지라고 할 수 있는 일본에 주목했다. 그리고 지역의 일과 생활에 대해서 꾸준히 콘텐츠를 만들고 사업을 진행하는 일본의 로컬 매거진 〈턴즈〉를 읽으며 일본의 로컬을 자세히 알아볼 수 있었다.

우연은 우리에게 새로운 문을 열어준다

지역이나 인구 등 다양한 사회 문제가 한국보다 먼저 발생했기 때문에 일본을 살펴보는 일에 흥미가 있었고, 그중에서도 새로운 생활 양식과 그것을 기반으로 하는 지역의 다양한 프로젝트 등에 관심을 가지고 있었다.

그때 우연히 아는 분의 소개로 일본의 〈턴즈〉라는 잡지를 알게 됐고, 내용의 일부는 온라인으로도 만날 수 있었다. 혼자만 보는 것이 아까워서 좀 더 많은 분에게 공유하고 싶었지만 여러 가지 여건이 맞지 않았는데. 갑작스럽게 '그때'가 왔다. 코로나19는 여러 제약 안에서 할 수 있는 일을 찾게 된 계기였다.

코로나19로 외부 활동에 제약이 있었지만, 상대적으로 온라인 활동에 적응하던 시기였기 때문에 온라인으로 〈턴즈〉를 함께 살펴보는 모임을 만들자고 생각했다. 처음 〈턴즈〉를 추천해준 분이 일본어를 할 수 있었고 지역 사업에 관한 이해가 있었기 때문에 먼저 섭외를 했는데, 흔쾌히 참여 의사를 밝혀주었다. 이름은 매거진magazine에서 '진zine'을 가져오고, '토픽'을 비튼 '토닉'이라는 단어를 붙여 '진토닉'이라고 지었다.

진토닉을 함께하는 민주 님이 종이 잡지를 먼저 읽은 뒤 그중 몇 가지 토픽을 골라서 소개했는데, 실시간이 아니라 녹화 영상으로 언제든지 볼 수 있게 하고 줌을 통해서 그 내용을 서로 살펴보는 형태로 진행했다. 코로나19 시작과 함께 문을 연 진토닉은 1~2개월에 1회 정도 온라인 모임으로만 운영을 지속해왔고, 진토닉 시즌 2는 서강대 SSK 지역

'에이프 시프트 바꾸는 '이주''와 지역과의 관계 방법,TURNS vol.65[6/20 최신호 발매] ₩8,000

'로컬 비즈니스의 만드는 방법 2024,TURNS vol.64[4/20 최신호 발매] ₩8,000

'포털로 캐리어를 담는다 지역 부를 탐재대 1만명 시대I,TURNS vol.63[2/20 발매] ₩8,000

'마을 만들기는 작은 리노베이션으로부터 움직인다, TURNS vol.62[12/20 발매] ₩8,000

TURNS vol.61 교육이 지역을 바꾼다 | 이주 생활 지역 활성화 지방 창생 잡지 ₩8,000

TURNS vol.60 앞으로의 로컬은, '민간 행동,의 시대 | 이주 生활 지역 활성화 지방 창생 잡지 ₩8,000

TURNS vol.59 지역의 축제와 계승하는 사람 | 이주 시골 생활 지역 활성화 지방 창생 잡지 ₩8,000

TURNS vol.57 이야받고 싶은 계승하고 싶은 지역의 일 | 이주 시골 생활 지역 활성화 지방 창생 ₩8,000

로컬 매거진 〈턴즈〉의 과월호를 소개하는 페이지.*

*   https://shop.turns.jp/collections/本

재생연구팀의 후원으로 운영에 도움을 받을 수 있었다.

책이 아닌 잡지를 선택한 이유는 시간성에 있어서 조금 더 살아 있는 이야기를 다양하게 만날 수 있고, 정보성 내용에서부터 심층 기사 혹은 인터뷰까지 읽어보며 시간성을 반영하면서도 특집에서 다루는 주제 키워드를 함께 따라갈 기회를 얻을 수 있기 때문이다.

잡지는 고유한 영역을 정하고 그 안에서 매월 다른 주제를 우리에게 전달해주었다. 사실과 이야기는 이제 실시간으로 언제 어디서나 우리를 유혹하고 있지만, 한 달이라는 시간의 축적과 기다림의 시간에는 그만큼 탐색의 여유와 새로운 주제에 대한 기대가 함께한다.

〈턴즈〉 들여다보기

〈턴즈〉는 '일본을 활기차게energizing 한다'는 콘셉트로 지역에서 일어나는 새로운 움직임이나 이주, 지역 생활을 선택한 사람들의 이야기 등을 소개하면서, 앞으로의 생활 방식과 일하는 방법 등을 생각해보고 지역과 지역의 연결 방법을 제안하는 로컬 라이프 매거진을 표방한다.

2012년 6월에 창간한 매체로 10년이 넘는 역사를 지닌다. 2개월에 한 번씩 발행하고 기본적으로는 종이 잡지 형태이며, 내용의 일부는 온라인을 통해서 소개한다.

'턴즈'라는 이름에 대한 이해를 위해서 내용을 덧붙이자면, 일본에서는 다양한 이주의 행태를 '턴$_{turn}$'이라는 용어로 설명한다. 고향을 떠나서 다른 지역에서 생활하다가 다시 고향으로 돌아가는 것은 U턴, 고향을 떠나서 도시에서 생활하다가 인근 다른 지역으로 이동하는 것은 J턴, 도시에서 태어난 사람이 지역으로 이동하는 것은 I턴이라고 부른다. 〈턴즈〉는 그 다양한 삶을 담고 있다고 할 수 있다.

단순히 지역을 소개하는 역할을 넘어서 해당 지역의 활동가, 작가, 사진작가 등 크리에이터와 연결을 시도하면서 잡지에만 머무르지 않고, 장소 만들기나 이벤트 기획과 운영, 정보 공유를 진행하고 있다. 특히 이벤트 기획과 운영의 경우 각 지역에서 필요로 하는 이벤트 투어와 행사를 잡지와 연계해서 진행하고 있고 이것이 주요한 수익 모델 중 하나다. 독자의 대부분이 도시에 살면서 지역 이주를 생각하는 20~40대인 만큼 독자와 지역을 연결하는 매개체 역할을 분명히 하고 있다.

〈턴즈〉는 온라인 플랫폼도 운영하는데, 종이 잡지의 내용을 소개하면서 동시에 다양한 지역 관련 프로그램을 홍보하고 참가자를 모집하는 역할도 한다. 또 지역에서 나오는 다양한 제품을 한데 모아서 소개하고 판매하는 온라인 쇼핑

「ライフシフト　変わる〝移住〟と地域との関わり方」TURNS vol.65【6/20最新号発売】

特集｜ライフシフト　変わる〝移住〟と地域との関わり方 かつてこの国では、都会で物質的な豊かさを享受することが幸福だとされ...

[岡山県] [鳥取県] [長野県] [兵庫県] [鹿児島県] [福島県] [東京都]
[トピックス]

【6/28(金) 19:30- ｜無料セミナー】
＼いま面白い！／
ローカル教育のあり方

『TURNSのがっこう群馬科 2024』3限目

日時：2024年6月28日（金）／オンライン参加：Zoom（ウェビナー）

3限の授業テーマ ＼いま面白い！ローカル教育のあり方 1限目のテーマは、ずばり「教育」です！現代は、学校や組織でうまく...

[群馬県] [イベント] [ターンズのがっこう] [教育] [暮らし方] [起業]

〈ターンズ〉オンライン プラットフォーム(turns.jp)과 온라인 쇼핑몰(shop.turns.jp).

몰도 별도로 구축해서 운영 중이다.

지역 비즈니스를 중심으로 하는 교육 프로그램도 운영하는데, '턴즈 비즈니스 스쿨'이라는 이름으로 지역에서 새로운 비즈니스를 시작하고 싶어 하는 독자를 위해 지역 전문가들과 함께 교육 프로그램을 운영했고, 코로나19 시기에는 온라인으로 프로그램을 운영했다.

〈턴즈〉가 만나게 해준 키워드

잡지를 읽다 보면 시기성 있는 내용도 접할 수 있지만 〈턴즈〉의 경우 매 호 다른 키워드를 가지고 그와 관련된 내용을 살펴볼 수 있다. 〈턴즈〉를 통해서 만난 키워드들은 시민 학교와 인생 학교를 고민하는 나에게 많은 영감을 제공해주었다. 그중 세 가지 키워드를 골라 소개한다.

① 고향 납세

한국에서 '고향사랑기부금'이라는 제도가 2023년 1월 전국적으로 시행됐다. 이는 일본의 '고향 납세제'를 모델로 하고 있으며, 지나친 수도권 집중화와 지방 소멸을 막고자 기부자들이 자신들이 현재 거주하는 지역을 제외한 지역에 기부하고 국가는 세액공제를, 지자체는 금액에 따른 지역 특산물이나 서비스를 답례품으로 기부자에게 제공한다.

지자체는 그렇게 모인 기부금으로 지역에 필요한 사회 복지 또는 지역 발전(사회적 취약 계층 지원 및 청소년 육성/보호, 지역 주민의 문화/예술/보건 등의 증진, 시민 참여/자원봉사 등의 지역공동체 활성화 지원, 그 밖의 주민 복리 증진에 필요한 사업 한정)을 위한 사업을 진행하는 모델이다.

일본은 2006년에 시작해서 2024년 기준 9조 원에 달하는 기부금이 모였기 때문에 일본의 사례를 통해서 우리의 제도가 개선해야 할 부분과 이 제도를 활용하는 다양한 프로젝트의 사례를 살필 수 있었다. 잡지도 고향 납세에 대한 답례품이 될 수 있다는 점도 생각해볼 만하다.

② 지역부흥협력대

지역부흥협력대는 1년 이상~3년 이하로 활동하면서 관광 자원 기획이나 개발, 고령자 생활 지원, 빈집과 빈 점포와 같은 공간의 활용, 이주자 지원 등의 '지역 부흥' 활동을 한다. 60%의 지역부흥협력대원이 활동을 종료한 다음에 지역에 정주하는데, 그 가운데 세 명 중 한 명 정도가 지역에서 창업을 하고 있다. 일본 정부에서는 지방 이주를 독려하는 제도로 2009년부터 도입했다.

이주를 원하는 지원자들의 정보 불균형을 해소하기 위

해서 온라인 플랫폼을 활용하기도 한다. '스마우트SMOUT'는 지역부흥협력대를 모집하는 주요한 방법으로 지자체가 많이 이용하는 플랫폼이다. 지자체, 지역 사업자, 개인 등이 이주자와 지방에 관심이 있는 사람들을 직접 스카우트할 수 있는 형태다. 〈턴즈〉를 읽다 보면 지역으로 이주한 다양한 배경의 사람 중 젊은이들이 지역부흥협력대 체험을 통해서 지역을 경험하고 이주를 생각한 경우들을 볼 수 있다.

③ 다거점 주거

다거점 주거는 재택근무를 하는 회사원이나 이주하기 전 지역에서 미리 살아보고 싶은 사람들, 특히 도시에서의 일을 유지하되 살고 싶은 곳으로 이주하고 싶은 이들이 주거 공간을 다양하게 가지는 것을 말한다. 익숙한 곳을 떠나 새로운 곳으로의 이주는 누구에게나 힘든 일인데, 코로나19 이후 정주가 아닌 여러 지역을 거점으로 두고 옮겨 다니는 다거점 주거 생활 양식을 많이 관찰할 수 있었다. 경제적인 부담을 줄이기 위해서 주거를 '구독' 형태로 이용할 수도 있다.

다거점 주거를 원하는 사람들이 생각하는 삶의 다른 지점들은 무엇일까. 도시에서 하는 일과 그 일을 기반으로 인생의 전환기나 후반기에 새로운 도전을 하는 일종의 '5도2촌'과 같은 생활 양식의 변화다.

〈턴즈〉가 남긴 것

콘텐츠를 통해서 연결하는 매개체인 〈턴즈〉는 내게 같은 관심사를 가진 사람들을 만나게 해준 출발점이 됐다. 잡지의 내용을 살피면서 나에게 필요한 인사이트를 하나하나 챙겨갈 수 있었다. '우연은 우리에게 새로운 문을 열어준다'고 하지 않던가. 사례 중에는 직접 눈으로 확인하고 싶은 내용도 있었고, 내가 하는 일에 직접적으로 연결되는 주제들도 있었다.

우연이 만들어준 새로운 문은 직접 일본 홋카이도 히가시카와 시민/인생 학교를 다른 분들과 함께 찾아가는 기회를 열어줬다. 앞에서 소개한 여러 가지 키워드가 지금은 점처럼 흩어져 있지만 나중에는 하나의 선에 놓여서 서사를 완성할 날을 기다린다. 잡지雜誌가 여러 가지가 '섞여雜' '기록誌'된 내용이기는 하지만, 그 잡지가 독특한 색깔을 가지면 그 꽃의 향기를 맡고 모이는 벌과 나비가 있는 것처럼.

저자 프로필

강경환

로컬 크리에이티브 디렉터. 사회적 기업 (주)영화제작소 눈 대표. '마을호텔 (마을이 호텔이 되는, 누워 있는 호텔)'이라는 말을 만들었다. 사회적 경제, 도시 재생, 지역 문화, 문화 도시, 지역 창업을 위해 이 마을 저 골목을 영화 만드는 시선으로 다니는 떠돌이 불나방 연남동 강 씨이다. 다큐멘터리 〈내 친구 외갓집은 산호세〉 감독, 극영화 〈차형사〉의 원안자이기도 하다. 〈키친 1015〉, 〈감독을 기다리며〉, 〈재미〉 등 단편 영화를 만들며 여전히 창작을 꿈꾼다. 요즘에는 유튜브 채널 〈스튜디오눈뜬〉을 만들어 그동안 만난 사람들을 호출하고 있다.

곽효정

서울에서는 기자로, 제주에서는 로컬 매거진을 창간해 편집장으로 일하고 있다. 제주 정착 이전에는 우즈베키스탄의 소도시 페르가나에서 아이들에게 한국어를 가르쳤다. 낯선 나라에서 이웃이 곧 친구이며 친구가 곧 이웃인 로컬 중심의 삶을 산 덕분에 '제주'라는 곳에서 '어떻게 살아야 하는지'를 조금 더 명확하게 알 수 있었다. 나답게 살아가는 이웃이자 친구 같은 소상공인의 인터뷰를 시작했고, 좋아하는 곳에서 좋아하는 일을 하는 이들과 여러 콘텐츠를 기획하고 있다. 아리랑 라디오 〈원더스 오브 제주〉의 구성작가를 겸하고 있으며, 지은 책으로 『제주, 로컬, 브랜드』 등이 있다.

권혜연

활동명은 호두. 인천의 로컬 크리에이터로서 현재를 살아가는 사람과 문화에 중심을 둔 도시형 로컬 콘텐츠를 만든다. 콘텐츠 기획사 '오렌지기지'와 로컬 편집숍 '온마이피벗(인천 구월동)'의 메인 기획자로 있으며, 소셜 살롱 〈인천사람구출작전〉, 유튜브 콘텐츠 〈인천의 X언니〉, 로컬 창작자 양성 과정 〈빌리지러너〉 등을 기획했다.

김경희

2002년 KBS 라디오에서 작가 생활을 시작했고, 현재는 EBS 다큐멘터리 작가로 활동 중이다. 대표작으로는 EBS 다큐프라임 〈암컷들〉, 〈생선의 종말〉, KBS 수요기획 〈영혼을 채우는 음식, 소울푸드〉 등이 있으며 2010년 단편소설 「코피루왁을 마시는 시간」으로 등단했다. 『제주에 살어리랏다』, 『마음을 멈추고 부탄을 걷다』, 『아버지는 변명하지 않는다, 다만 사라질 뿐』 등의 에세이집을 펴냈고, 『호텔 프린스』, 『소설 부산』, 『소설 목포』 등 다수의 앤솔러지에 참여했다.

김선민

청강문화산업대학교 만화콘텐츠스쿨 웹소설창작전공 교수. 판타지 장편소설 『파수꾼들』로 데뷔했다. 괴담·호러 전문 레이블 '괴이학회'를 운영하며 『명신학교에 오신 걸 환영합니다』, 『월면도시』, 『괴이한 미스터리』, 『오래된 신들이 섬에 내려오시니』 등 다양한 장르 앤솔러지를 기획·공저했다. 웹소설 「괴존강림」, 「용살자의 클래스가 다른 회귀」 등을 연재 후 완결했고, 웹소설 작법서 『백전백승 웹소설 스토리 디자인』을 펴냈다.

김애림

㈜로잇스페이스 공동 대표. 도시공학을 전공해 석사 과정을 마쳤다. 〈비마이크〉 로컬 매거진을 발간하며, 동명의 로컬 편집숍을 전라북도 익산에서 운영 중이다. '동네도 둘러보면 여행이 된다'는 마음으로 도시를 꼼꼼하게 살펴보고 있다. 현재는 익산과 대전을 넘나들며 지역의 이야기를 전하고 있다.

모종린

연세대학교 국제학대학원 교수. 코넬대학교 경제학과를 졸업하고 스탠퍼드대학교에서 경영학 박사학위를 받았다. 텍사스 오스틴대학교 조교수, 스탠퍼드대학교 후버연구소 연구위원, 연세대학교 언더우드국제대학장, 국제처장, 국제학대학원장 등을 역임했다. 라이프 스타일 변화에서 크리에이터 경제와 지역 발전 기회를 찾는 연구자. 스타트업 종사자, 예술가, 소상공인이 커뮤니티를 통해 문화와 산업을 만들어내는 도시를 꿈꾼다. 주요 연구 주제는 로컬 크리에이터가 활동하는 골목 상권, 이를 중심으로 형성되는 생태계다. 저서로 『크리에이터 소사이어티』, 『머물고 싶은 동네가 뜬다』, 『골목길 자본론』, 『인문학, 라이프스타일을 제안하다』가 있다.

박우현

콘텐츠 컴퍼니 이터널선샤인 대표. 출판 브랜드 '우주소년' 에디터이자 〈기획회의〉 편집위원으로 활동 중이다. 『천연균에서 찾은 오래된 미래』를 발간하는 과정에서 일본에서 벌어지는 지역 이주 현상을 알게 됐고, 그 일을 계기로 로컬 라이프 스타일 웹진 '로컬그라운드' 편집장을 역임했다. 현재는 지역에서 로컬 기획자로 일하면서 사람과 사람, 사람과 지역을 잇는 일을 벌이고 있다. 저서 『커피는 원래 쓰다』, 역서 『로컬로 턴!』, 『한 걸음 뒤의 세상』 등이 있다.

신중현

도서출판 학이사 대표. 1987년부터 지금까지 대구에서 책 만드는 일을 하고 있다. 지역 출판 활성화와 독서 분위기 조성을 위해 2016년부터 학이사독서아카데미와 독서동아리 '책으로 노는 사람들'을 개설·운영한다. 한국출판학회상(기획·편집 부문)과 문화체육관광부 장관 표창을 받았다. 지은 책으로는 『다시, 지역출판이다』가 있으며, 엮은 책으로 『대구에 산다, 대구를 읽다』, 『그때에도 희망이 있었네』 등이 있다.

양석원

자유스콜레(www.jayuskole.net) 대표. 쉼과 전환을 위한 안전한 실험실이
라는 모토를 가지고 성인들을 위한 인생 학교 프로그램을 운영하고 있다.
2016년 덴마크의 성인 인생 학교를 경험한 후, 2017년부터 한국에서 인생
학교 프로그램을 운영하고 있으며, 〈대화의 식탁〉, 〈대화의 만찬〉, 〈민주주
의 근육 키우기: 데모크라시 피트니스〉와 같은 프로그램으로 대중과 호흡하
고 있다.

유정미

대전대학교 커뮤니케이션디자인학과에서 디자인을 가르치는 교수이자 건
축가 남편과 '이유출판'을 운영하는 출판인이다. 낡고 오래된 것의 가치에 관
심을 두고 학생들과 원도심 탐구 프로젝트 '오! 대전'을 9년째 이어오며 전시
를 개최하고 있다. '어딘가에는 @ 있다' 시리즈는 이 프로젝트의 확장판이
다. 지은 책으로 『잡지는 매거진이다』, 『디자인이 브랜드와 만나다』, 『그래픽
디자이너들』, 공저로 『타이포그래피 사전』, 공역서로 『당신이 찾는 서체가
없네요』가 있다.

전정미

전북 군산에서 만화출판사 삐약삐약북스를 운영하며 불친이라는 필명으로
『500만 원으로 결혼하기』, 『지역의 사생활 99: 군산-해망굴 도깨비』 등의
만화를 직접 쓰고 그렸다. 지금 있는 지역에서 재미있게 살고 싶다.

전정환

액셀러레이터이자 작가로서 크립톤 부대표, 커뮤니티엑스 대표를 맡고 있
다. 2015년부터 7년간 제주창조경제혁신센터 센터장을 역임하며 지역 창업
생태계를 조성했다. 2022년에 액셀러레이터 크립톤에 합류하여 전주, 제
주, 대전, 부산 영도 등 여러 지역의 지역 창업 생태계를 조성하고 스타트업
을 육성하고 있다. 저서로 『밀레니얼의 반격』, 『커뮤니티 자본론』이 있다.

전충훈

22년간 지역 현장에서 문화 기획자로 11년, 사회 혁신 기획자로 11년 활동했다. '콜렉티브 임팩트'를 도입하여 지역 혁신 포럼을 설계, 지역 문제를 해결하는 플랫폼을 구축했다. 2020년부터 행정안전부 정부혁신전략추진단 혁신추진과장을 역임해 국민 제안을 정책화하는 일을 했다. 2022년 3월 대선 이후 윤석열 정부의 국정 과제 119번 '지역 사회의 자생적 창조 역량 강화'를 만드는 데 참여했다. 현장에서 지역 활성화와 관련한 활동을 하고 비즈니스를 펼쳐오다가 퇴직 이후 다시 일반인으로 복귀해 지역을 더 재미있게 만드는 작전을 짜고 판을 만드는 중이다. 특히 2022년부터 로컬 크리에이터의 제품, 지역 문화 콘텐츠 등을 세계로 진출시키는 '글로컬 프로젝트'를 실행 중이다(미국 포틀랜드, 영국, 타이완, 일본, 말레이시아, 중국 등). '로컬 다이브', '대구청년주간' 감독을 맡았다. 공저로 『슬기로운 뉴 로컬생활』, 옮긴 책으로 『ESG 실행전략 만들기』가 있다.

정수경

즐거운도시연구소 대표. 공학박사. 사단법인 어반베이스캠프 대표이사. 사람과 사람이 만나는 서점, 경원동#을 운영하고 있다. 지역에 사는 사람들이 즐거운 삶을 살기 위해 필요한 정책, 공간, 프로그램 등을 계획하고 실행하여 지역 내 서포트 네트워크를 만들어가고 있다.

정용택

도시 문제에 대한 다큐를 만들고 글을 쓴다. 제천국제영화제에서 〈뉴타운 컬처 파티〉, 전주국제영화제에서 〈파티51〉을 상영했다. 〈당신의 머리 위에, 그들의 발아래〉, 〈박원순 개인전〉 전시에 참여했다. '예술가, 젠트리피케이션 그리고 도시재생' 국제심포지엄과 '도시플레이어 포럼'에서 젠트리피케이션을 주제로 발제했다. 저서로 전자책 『로컬 젠트리파이어 전성시대』, 『로컬 부동산 전성시대』가 있으며, 공저로 『안티 젠트리피케이션 무엇을 할 것인가?』가 있다.

정지연

공간 라이프 스타일 미디어 〈브리크brique〉 발행인이자, 미디어 스타트업 ㈜브리크컴퍼니 대표. 방송 구성작가, 일간 신문 기자를 거쳐 2017년 11월 브리크를 창간, 온오프라인을 넘나들며 일상의 질을 높이는 공간 이야기를 전하고 있다. 도시와 지역을 고루 누려야 삶이 풍요로워진다고 믿어 4도 3촌에 도전 중이다. 인생 3막 즈음엔 조용한 시골 마을에서 독립서점을 운영하며 자신의 책을 쓰며 여생을 보내는 게 꿈이다.

조희정

서강대학교 사회과학연구소 SSK 지역재생연구팀 전임연구원이다(정치학 박사). 중앙선거관리위원회와 국회입법조사처에서 근무했다. 저서 『네트워크 사회의 정치와 민주주의』, 『민주주의의 기술』, 『민주주의의 전환』, 『시민기술, 네트워크 사회의 공유경제와 정치』, 『로컬, 새로운 미래』, 『민주주의는 기술을 선택한다』, 공저 『미국전자투표』, 『소셜미디어와 정부PR』, 『공동체의 오늘, 온라인 커뮤니티』, 『시민이 만드는 민주주의』, 『로컬의 진화』, 『스마트 도시 리빙랩 워크북』, 『서울에서 청년하다』, 『로컬에서 청년하다』, 『제3의 창업 시대』, 공동 번역서 『마을의 진화』, 『인구의 진화』, 『시골의 진화』, 『창업의 진화』, 『로컬의 발견』, 『마을 만들기 환상』, 『돈 버는 로컬』, 『마을을 키우는 아이들』, 『도시 버리기』를 비롯하여 그 외 다수의 논문과 공저가 있다.

희석

주민등록상 이름은 '안희석'이지만, 태어나자마자 강제로 부여받은 부계의 성을 좋아하지 않는다. 이에 행정 서류가 아닌 곳에는 '희석'만 쓰고 있다. 신문사와 시청과 기업과 정당 등에서 글을 쓰며 생활비를 벌었고, 이제는 독립출판사 '발코니'를 운영한다. 『권력남남』, 『우리는 절망에 익숙해서』, 『우주여행자를 위한 한국살이 가이드북』 등을 썼다.

로컬 라이프 트렌드

2024년 11월 8일 1판 1쇄 인쇄
2024년 11월 19일 1판 1쇄 발행

지은이	강경환, 곽효정, 권혜연, 김경희, 김선민, 김애림, 모종린, 신중현, 양석원, 유정미, 전정미, 전정환, 전충훈, 정수경, 정용택, 정지연, 조희정, 희석
엮은이	기회회의 편집부
펴낸이	한기호
책임편집	유태선
편집	도은숙, 정안나, 김현구, 김혜경
디자인	늦봄
마케팅	윤수연
경영지원	국순근
펴낸곳	북바이북
	출판등록 2009년 5월 12일 제313-2009-100호
	주소 04029 서울시 마포구 동교로12안길 14, 2층(서교동, 삼성빌딩 A)
	전화 02-336-5675 팩스 02-337-5347
	이메일 kpm@kpm21.co.kr
	홈페이지 www.kpm21.co.kr

ISBN 979-11-90812-61-0 03300